8 L 29 147 4

Paris - Nancy
1893-1899

Ardouin-Dumazet

Voyage en France

Les Iles de l'Atlantique : 2. D'Hoëdic à Ouessant

Tome 4

Ardouin-Dumazet

Voyage en France

PARIS
BERGER-LEVRAULT ET Cⁱᵉ

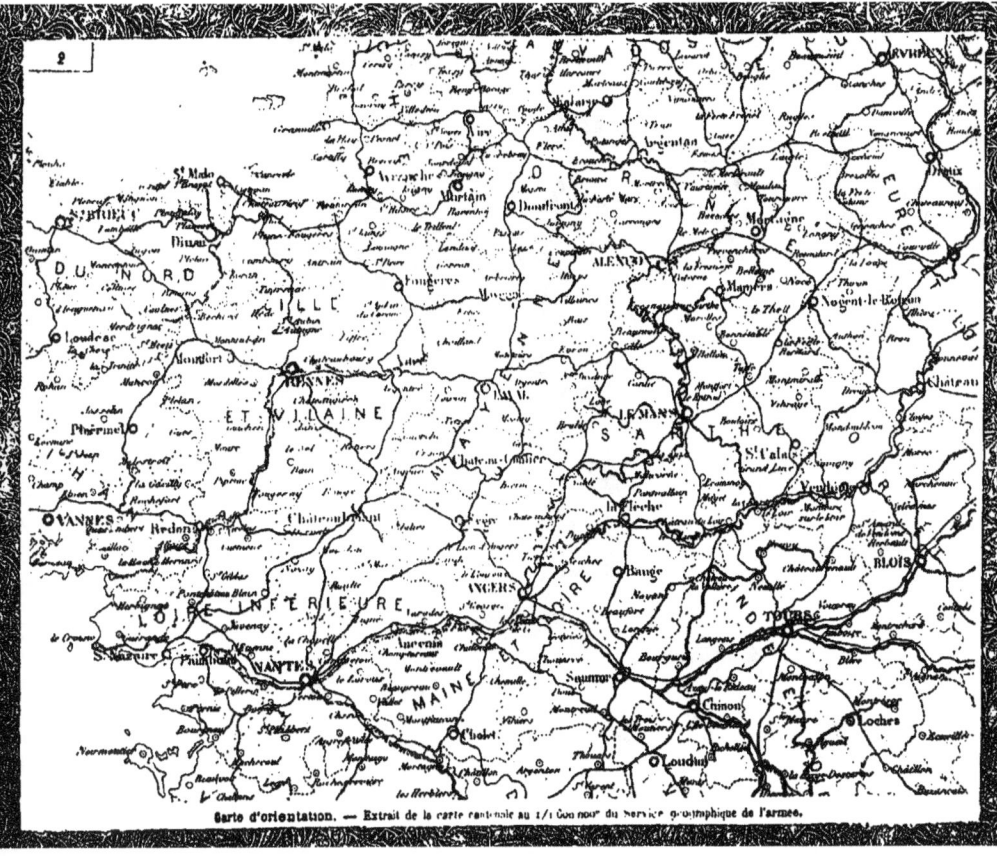

Carte d'orientation. — Extrait de la carte au 1/1 000 000 du Service géographique de l'armée.

Ardouin-Dumazet

Voyage en France

4ème Série

LES ILES
DE L'ATLANTIQUE
— o —
II
D' HOËDIC A OUESSANT
— o —

PARIS
BERGER-LEVRAULT, & Cie, ÉDITEURS

Voyage en France

OUVRAGES DU MÊME AUTEUR

L'Armée navale en 1893. — *L'Escadre russe en Provence.* — **La Défense de la Corse.** — 1894. 1 volume in-12 avec 27 croquis ou vues et une carte de la Corse, 5 fr.

L'Armée et la flotte en 1894. Manœuvres navales. — Grandes manœuvres de Beauce. — Manœuvres de forteresse. 1895. 1 volume in-12, avec illustrations de Paul Léonnec et de nombreux croquis et cartes, 5 fr.

Au Régiment. — **En Escadre**, préface de M. Mézières, de l'Académie française. 1894. 1 volume grand in-8°, avec 850 photographies instantanées de M. Paul Gers. 15 fr.

Le Colonel Bourras. Suivi du Rapport sur les opérations du corps franc des Vosges du colonel Bourras. 1892. Brochure in-12 avec un portrait et couverture illustrée. 60 centimes.

Le Nord de la France en 1789. — Flandre. — Artois. — Hainaut. — 1 volume in-12. (Maurice Dreyfous.)

La Frontière du Nord et les défenses belges de la Meuse. — 1 volume in-8°. (Baudoin.)

Une Armée dans les neiges, journal d'un volontaire du corps franc des Vosges. — 1 vol. in-8° illustré. (Rouam.)

Études algériennes. — 1 volume in-8°. (Guillaumin et Cie.)

Les grandes Manœuvres de 1882 à 1892. — 1 volume in-12 par année. (Baudoin et Rouam.)

Voyage en France. Ouvrage couronné par l'Académie française. Série d'élégants volumes in-12 à 3 fr. 50 c.

— 1re Série : Morvan. — Nivernais. — Sologne. — Beauce. — Gâtinais. — Orléanais. — Maine. — Perche. — Touraine. — 1893. 1 volume. 3 fr. 50 c.

— 2e Série : Anjou. — Bas-Maine. — Nantes. — Basse-Loire. — Alpes mancelles. — Suisse normande — 1894. 1 volume 3 fr 50 c.

— 3e Série : Les îles de l'Atlantique : I. — Île aux Oiseaux (Arcachon). Les Sendres, les îles de Marennes. Ile d'Oléron. Ile d'Aix. Iles Madame et Brouage, Ile de Ré, Ile d'Yeu. Ile de Noirmoutier. De l'île de Bouin à Saint-Nazaire. L'archipel de la Grande-Brière. L'île Dumet et la presqu'île du Croisic. Belle-Isle. 1895. 1 volume avec de nombreuses cartes dans le texte. 3 fr. 50 c.

— 4e Série : Les îles de l'Atlantique : II. — Ile d'Houat. La Charte des îles bretonnes. Ile d'Hœdic. Le Morbihan et la presqu'île de Rhuys. Iles aux Moines. Petites îles du Morbihan. Iles d'Arz et Ilur. Ile de Croix. Ile Chevalier et Ile Tudy. Archipel des Glénans. Ile de Sein. La ville close de Concarneau. Archipel d'Ouessant : I. De Beniguet à Molène. — II. L'île d'Ouessant. Iles de la rade de Brest. 1895. 1 volume avec de nombreuses cartes dans le texte. 3 fr. 50 c.

POUR PARAITRE PROCHAINEMENT :

— 5e Série : Les îles françaises de la Manche, Bretagne péninsulaire et Cotentin. (Sous presse.)

[Les îles de la Méditerranée, la Corse, celles du groupe d'Hyères, etc., sont décrites dans le volume : *L'Armée navale en 1893*.]

— 6e Série : Lyon, les monts du Lyonnais, la vallée du Rhône de Seyssel à la mer. (Sous presse.)

14 autres volumes compléteront ce grand travail activement poursuivi par l'auteur.

ARDOUIN-DUMAZET

Voyage en France

4ᵉ SÉRIE
LES ILES DE L'ATLANTIQUE
II. — D'Hoëdic à Ouessant.
Avec 25 cartes ou croquis.

COLONIES
Nº A.2644
BIBLIOTHÈQUE

BERGER-LEVRAULT ET Cⁱᵉ, ÉDITEURS
PARIS | NANCY
RUE DES BEAUX-ARTS | 18, RUE DES GLACIS
1895
Tous droits réservés

VOYAGE EN FRANCE

LES ILES DE L'ATLANTIQUE

II. — D'Houat et Hoëdic à Ouessant.

I

L'ILE D'HOUAT

De Quiberon à Port-Haliguen. — La Toignouse. — La légende de saint Gildas. — Arrivée dans l'île. — Le cheptel. — Les cultures. — Du haut du fort. — La procession.

À bord du Gonfrel, 15 août 1894.

Je suis arrivé à Quiberon avec l'espoir de trouver un bateau à louer pour parcourir le petit archipel d'Houat et d'Hoëdic. Hélas! rien à Port-Haliguen, rien à Port-Maria. Mon ami Lion, le sous-préfet de Pontivy, en villégiature à Port-en-Drud, près de Carnac, devait me conduire sur son cotre *Marie*; le patron n'a pas été prévenu à temps, la *Marie* achève son armement à la Trinité.

Me voilà retenu à Quiberon, dont le séjour n'est pas très gai à qui n'a pas l'intention de s'installer près de la plage; vais-je renouveler avec Houat ma mésaventure de l'île Dumet que je me suis borné à voir de loin? Mais M. Lion m'annonce que le bateau des ponts et chaussées, une goélette solide, bien gréée, va partir faire une tournée des îles pour visiter phares et fanaux. Peut-être pourra-t-on nous prendre à bord, si nous consentons à ne gêner en rien les manœuvres et à ne pas entraver la mission du *Couëzel*. Je promis tout ce que l'on voulut, même de briquer le pont, de prendre des ris et de virer au cabestan, si l'on me fait descendre dans les îles. On ne nous en demanda pas tant; la goélette, son pont vaste et dégagé, son élégant salon, nous furent offerts. Voilà comment ce beau 15 août au matin, nous avons quitté Carnac. M. et Mme Lion, l'aimable Dr Sollier et sa femme, une doctoresse aimable encore, un capitaine d'artillerie et sa femme, mon fils Pierre et moi pour gagner Port-Haliguen où le navire des ponts et chaussées était à l'ancre.

Le train nous conduit à Quiberon; sur la foi des légendes qui représentent les îles comme des terres sans ressources, nous y faisons des provisions gargantuesques. Avec nos grands pains sous le bras, nos paniers, nos caisses de bouteilles, nous semblons nous préparer à une traversée pour l'Amérique. L'air des îles creuse si terriblement, que ces victuailles ne sont pas revenues.

Port-Maria n'est pas assez profond pour que la goélette puisse y rester à toute marée. Port-Haliguen lui-même découvre à basse mer, mais la rade est excellente, à l'abri des vents d'ouest; la goélette, bercée sur la lame, nous attend. La route est courte d'ailleurs, de Port-Maria à Port-Haliguen, douze cents mètres à peine, par un pays dénudé, où les champs sont entourés de pierres sèches, comme autour du Croisic. Ce paysage serait triste sans de beaux figuiers chargés de fruits remplissant les jardins. Port-Haliguen n'a pas d'église, la population se rend à Quiberon pour la messe, les femmes dominent; on s'attend en vain à ces costumes bretons si gais à l'œil : même en ce jour de grande fête les costumes des Quiberonnaises sont plutôt sévères et s'harmonisent avec les lignes maigres du paysage. Le village tempère cette impression. Port-Haliguen est charmant avec ses maisons proprettes escaladant les rochers ou entourant le petit port fermé par un robuste môle de granit. Le bourg n'a qu'un monument public, c'est une vaste poissonnerie au delà de laquelle se dressent les talus armés de pièces de canon de fort calibre qui constituent le Fort-Neuf. S'il y avait quelques arbres parmi ces rochers et ces maisons blanches, ce serait un site charmant que cette anse ainsi close.

Le canot du *Gouëzel* nous conduit à bord; quelques minutes après, l'ancre est levée, nous hissons les voiles du grand mât et de la misaine; le vent est bon, on ajoute un foc et nous nous dirigeons sur la première escale, le phare de la Teignouse. La côte de Quiberon passe rapidement devant nous; voici, bas sur l'eau, les deux écueils de Er Toul Braz et Er Toul Bihan, le *Grand* et le *Petit Trou*[1], puis l'écueil hargneux de la Teignouse, maintenant dompté depuis qu'il porte un feu. Le canot est mis à la mer pour conduire au phare le conducteur des ponts et chaussées. Pendant qu'il visite le domaine exigu des gardiens, les matelots lèvent les bahots qu'ils ont placés la veille : ce sont de fortes lignes où l'on prend des congres et des anguilles. Le rocher de la Teignouse se prolonge au-dessous de la basse mer par un plateau où ces animaux abondent.

Le phare de la Teignouse est une tour trapue surmontée d'un fût mince portant la lanterne. Au

---

[1]. Voir, sur ces îlots et la Teignouse, la troisième série du *Voyage en France*, au chapitre de Belle-Isle.

pied de l'édifice, un petit magasin renferme les vivres et la provision d'huile. Pas une mousse, pas une tache de lichen sur ce rocher que les

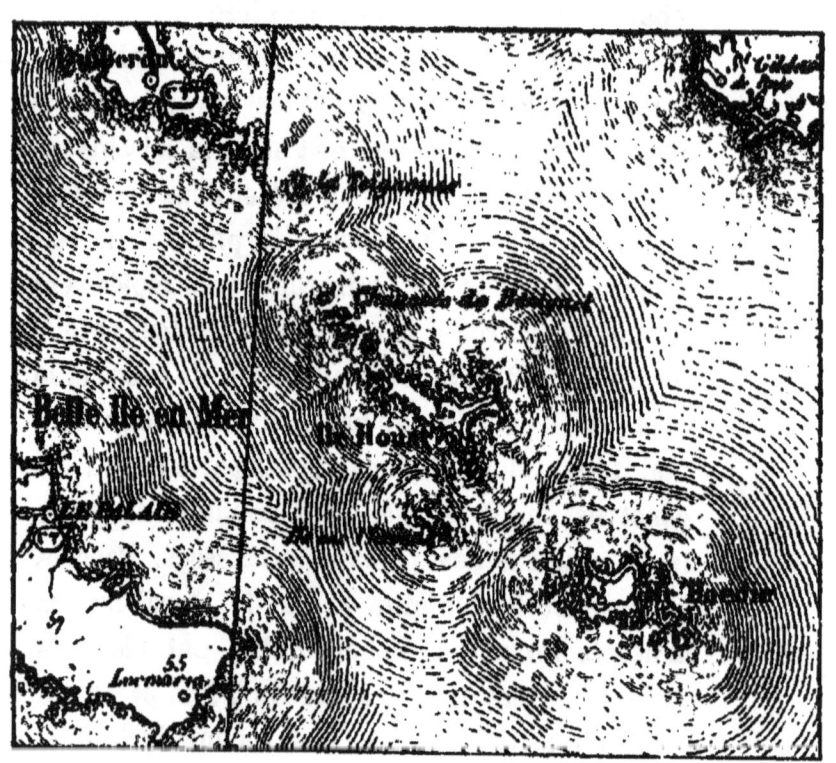

PRESQU'ILE DE QUIBERON ET ARCHIPEL

D'après la carte de l'état-major au $\frac{1}{890,000}$.

mers furieuses de l'hiver ont rongé et poli. Aujourd'hui, par ce beau ciel, en vue de ces heureux horizons, on envierait presque le sort des habitants de cette solitude ; mais par les tempêtes ce doit être une terrible existence ; la Teignouse est un des parages les plus dangereux de l'Océan.

La vue s'étend très largement sur une immense étendue de mers, de côtes, d'îles et de récifs. Devant nous s'étend Belle-Isle, aux falaises sombres sur lesquelles les maisons du Palais mettent une tache blanche. Voici Houat, aux formes régulières, entouré de ses plages de sable fauve, dominé par son fort et dont nous sépare la terrible ligne d'écueils de Beniguet ; sur le plus dangereux, les Éclassiers, la mer s'élance en fusée. Les roches sont nombreuses ; les unes, simples récifs battus des vagues, d'autres comme Valhuce et Plazic, des îlots couverts de petites prairies naturelles et remplis par des nuées d'oiseaux de mer. Au sud, très loin, l'île d'Hoëdic s'estompe.

Vers le continent, le panorama est plus étendu encore ; ce sont des terres basses, mais bien découpées : la presqu'île de Rhuys, le pays de Carnac dominé par le mont de la Trinité ; au premier plan la presqu'île de Quiberon, ses forts, ses nombreux villages et les tours blanches de ses moulins à vent. Paysage vaste et grandiose, d'une indéfinissable mélancolie que ce coin de Bretagne découpé par la mer où, pendant si longtemps, la race celtique avait son centre d'action et de puissance.

Mais les regards sont surtout attirés par Houat : sur une falaise, le village montre d'abord quelques maisons blanches ; plus à droite, d'autres maisons, très basses, dominent une petite anse sablonneuse ; au-dessus du village, encadré par ses deux moulins à vent, les lignes géométriques du fort.

A mesure qu'on avance, les îlots cessent de faire corps avec l'île principale, ils se détachent, rocs déchiquetés, brisés, rongés par la mer. Beg-er-Vachif, l'un des plus étranges, est couronné par les remparts géométriques d'une batterie aujourd'hui abandonnée. Cette île forme une pointe — Beg veut dire pointe — à l'entrée d'une petite anse dont l'autre côté est fermé par l'île Guric, puis une autre anse et un troisième îlot, l'île Cenis ; ces trois rochers, à peine recouverts d'une rare verdure au sommet, sont comme des môles pour préserver Houat des violents courants de Beniguet.

Notre goélette passe au large de l'île pour doubler un autre îlot rocheux, allongé dans la mer comme un chien, c'est le farouche écueil de la Vieille. Au delà est la pointe sablonneuse et le récif d'Er Geneteu, puis une autre pointe, Er Yo'h, le Grand-Mulan. Houat, vue d'ici, est un peu plus verdoyante, mais l'aspect général de cette petite terre que nous voyons dans tout son développement n'en reste pas moins austère, presque morose ; les beaux rochers de la Vieille, ardents de couleur, extraordinairement découpés, donnent aux abords un aspect fantastique.

La mer est haute. Le roc d'Er Geneteu et le Grand-Mulan, promontoires à marée basse, sont en ce moment des îlots tragiques d'aspect. Le Grand-Mulan ou Er Yo'h est un rocher en forme de table percé d'une large ouverture au milieu. Au sommet s'étend une verte pelouse toute fleurie. L'ouverture s'appelle *Toul en diaul* ou le *Trou du Diable*. D'après la curieuse légende de saint Gildas, ce grand thaumaturge sauta, à cheval, de la presqu'île de Rhuys à Houat, le diable, qui le suivait, l'imita. Le saint fut assez heureux pour atteindre l'île, le diable donna du pied dans Er Yo'h et dut ensuite se mouiller pour gagner Houat. En réalité, le trou n'est qu'apparent ; il est formé par un rocher arc-bouté contre la masse principale. Ce minuscule îlot, aujourd'hui désert, a dû être habité. M. l'abbé Lavenot y a découvert de nombreux objets préhistoriques.

Il faut contourner Er Yo'h pour atterrir ; devant nous s'arrondit une anse bordée d'une belle plage de sable, *Treach er Gouret*, limitée par trois

ILE D'HOUAT

D'après la carte de l'état-major au $\frac{1}{80,000}$.

flots : *Baz tost* et *Baz-Creiz*, assez verts, où des restes de monuments celtiques ont été retrouvés, et *Baz-Pel*, complètement dénudé par les vents et la pluie. Au loin, une autre terre plus vaste, très verdoyante, occupe l'extrémité d'une longue traînée de récifs qui porte le nom de chaussée, si commun en Bretagne pour désigner les chaînes d'écueil. C'est l'île aux Chevaux et sa « chaussée ». L'îlot principal, malgré son nom, n'a pas ou n'a plus de chevaux, il est d'ailleurs complètement inhabité ; ses prairies naturelles sont la propriété indivise des deux grandes îles, qui ont alternativement le droit d'y couper l'herbe. Elle a 600 à 700 mètres de longueur sur 200 à 300 mètres de largeur seulement.

Plus loin encore, au sud-est, séparée de l'île aux Chevaux par le passage des Sœurs, se dresse l'île d'Hoëdic, aux formes massives. Le village est masqué par des rochers. Hoëdic offre d'ici l'aspect d'un étroit et verdoyant plateau sur lequel se détachent vigoureusement l'ancien phare et la maison blanche des gardiens.

Le débarquement n'est pas facile à Houat, il n'y a pas de port, il faut aller débarquer aux rochers de la côte et notre goélette a un tirant d'eau trop fort pour approcher du rivage. On doit mettre le canot à la mer et aborder sur des roches couvertes d'un varech visqueux où nous avons peine à tenir debout. Les dames poussent de petits cris d'effroi, mais peu à peu elles s'enhardissent et nous voici au pied d'une falaise d'où sourd une claire fontaine captée dans un de ces gracieux édicules chers à la Bretagne. De là nous voyons le port, pauvre port au fond de sable, protégé par une jetée de gros galets que les pêcheurs d'Houat ont édifiée eux-mêmes, mais que la mer détruit sans cesse. C'est un des scandales de notre administration qu'une île assez vaste et relativement peuplée ne possède pas un seul abri. Il faudrait quelques milliers de francs pour préserver les dix grands bateaux de pêche et les vingt petits de l'île d'Houat ; on n'a jamais pu les trouver dans notre formidable budget.

Un sentier cailouteux partant de la fontaine nous conduit sur le plateau, ou plutôt sur les hautes dunes couvertes d'un épais gazon parsemé de fleurs qui recouvrent la pente méridionale. Nous cherchons en vain le lys d'Houat, au doux parfum ; il est desséché maintenant et ne fait plus de l'île l'odorante cassolette dont parlent tous ceux qui ont visité l'île au printemps ; dans les dunes, des œillets roses, des plantes balsamiques laissent flotter cependant un parfum léger et subtil.

Des chardons bleus, une plante marine aux grappes violettes, s'accrochent aux pentes. Là-bas éclate l'or des ajoncs. Je voudrais commencer la visite de l'île, mais mes compagnons se récrient, il est déjà tard, il faut déjeuner. En un clin d'œil la nappe est mise et nous dînons gaiement dans cet air vivifiant, ayant sous les yeux un des plus vastes et des plus merveilleux paysages de mer que l'on puisse rêver.

Mes compagnons ont voulu saluer à leur façon notre débarquement dans l'île, c'est par les détonations du champagne que prend fin le pique-nique. Le conducteur des ponts et chaussées, M. Milon, nous dit que jamais encore Houat n'avait retenti d'un tel bruit; le temps m'a manqué pour élucider ce point important de l'histoire.

Enfin nous voici en route pour parcourir l'île. Nous descendons à Treach er Gouret, où la mer promène de jolies vagues sur un sable d'une extrême finesse, doux et ferme sous les pieds. D'après les rares savants qui ont étudié la géologie d'Houat, ce sable serait un Pactole. Les gemmes pourraient servir à faire de l'émeri et renfermeraient de l'étain et de l'or, mais les essais d'exploitation ont donné de maigres résultats et l'on a dû y renoncer.

A la plage aboutit un chemin de chars en partie enfoui sous le sable des dunes ; il monte sur le plateau dont le fort occupe le point culminant. De là descendent à la mer des vallons étroits et bien cultivés. Dans les chaumes, dans les pâturages maigres épars entre des champs paissent les troupeaux de l'île : moutons très hauts sur jambes, chevaux nerveux dont les naseaux sont bizarrement enfermés dans une sorte de petit carreau de bois, vaches bretonnes très petites au poil épais noir et blanc. Sur ce petit espace, nous avons tout le cheptel de l'île : 40 poulains ou chevaux, 12 moutons, 2 ou 3 taureaux, 12 bœufs, 100 vaches. C'est pour l'île un petit commerce que ce bétail, on en vend pour 1,800 ou 2,000 fr. chaque année. Mais ces animaux sont imprudents, ils s'aventurent sur les falaises et les roches et beaucoup périssent par les tempêtes. C'est une perte annuelle de 500 fr. en moyenne.

Le fort m'attire d'abord par son haut relief ; de là on doit mieux comprendre l'île. C'est un vaste quadrilatère dont il faut contourner les saillants. Un sentier longe les fossés profonds creusés dans le roc de micaschiste qui forme l'ossature d'Houat. La façade est grise, grises sont les murailles percées de meurtrières. Le pont-levis est toujours baissé. L'ensemble est assez imposant, mais quelle tristesse lorsqu'on est entré dans la citadelle! Les couloirs déserts, les chambres et les casemates abandonnées, un air de désolation profonde. Au bruit de nos pas, l'habitant de ce séjour vient à nous, c'est l'instituteur; le fort sert en effet de maison d'école. Bientôt il aura disparu, il a coûté plus d'un million il y a moins de quarante ans, on vient de le vendre pour trois ou quatre cents francs à la commune. Comme la plupart des défenses du littoral, il est déclassé et démantelé avant d'avoir servi, il ne saurait résister à l'artillerie nouvelle. Les pierres qui le revêtent, les blocs taillés encadrant les portes et les fenêtres doivent être utilisés pour construire une jetée moins primitive que celle du « port » actuel, les fossés seront comblés et la citadelle houataise ne sera plus qu'un sol bouleversé. Les matériaux provenant de la démolition représenteront 10,000 fr., la main-d'œuvre en nécessitera 10,000 autres. Pour ce prix, Houat aura un abri contre les vagues, mais quand l'aura-t-il, quand l'administration voudra-t-elle enfin donner à l'île les moyens d'abriter la minuscule flottille qui la fait vivre?

La poudrière, portant la date de 1855, est la partie la mieux conservée; ses épaisses murailles opposeront sans doute une vive résistance aux démolisseurs. Elle est dans la cour, entre de hauts talus gazonnés d'où nous découvrons l'île entière, sa forme singulière, à trois pointes, se dessine nettement sur la mer éclatante.

Autour du fort, sur un espace fort étroit, jusqu'au village, se déroulent les sillons gris des cultures. Au delà, vers la pointe occidentale, le corps insulaire n'est qu'une vaste lande recouvrant des débris de monuments celtiques. Les falaises ou les pâtures couvrent 115 hectares, ce qui réduit à peu de chose la surface travaillée. Cette faible étendue du sol cultivé explique pourquoi Houat nourrit 276 habitants seulement sur ses 280 hectares, dont deux étrangers à l'île, le syndic des gens de mer et l'instituteur, tandis que sa voisine, Hoëdic, en a 354 sur 210 hectares. Les *sillons* d'Houat couvrent la moindre partie de l'île si l'on excepte les surfaces bâties. C'est donc à moins de 150 hectares qu'il faut évaluer l'étendue des terrains de culture. Ceux-ci sont répartis entre quatre champs, dont deux sont cultivés en froment et les deux autres consacrés aux pommes de terre, aux vesces ou maintenus en friche pour pâture, l'île ne produisant pas de foin, ce qui oblige les habitants à faucher l'herbe sur les îlots voisins. Aussi les animaux jeûnent-ils pendant presque toute la mauvaise saison.

Au delà de cette zone de culture apparaît le

village, d'une mélancolie profonde, maisons grises aux toits d'ardoises jaunis par les mousses, entourant la tour trapue de l'église, carrée, grise, surmontée d'une flèche aiguë. Un seul arbre apparaît, un figuier planté dans le jardin du curé. Ce manque de grands végétaux, caractéristique de l'île, donne au village son indéfinissable cachet de tristesse. Vers l'est, le moulin à vent reste immobile : c'est fête aujourd'hui.

En ce moment les cloches sonnent à toute volée, un cortège monte sur le plateau et se déroule sous nos yeux, pendant que des chants nous parviennent, très assourdis par l'éloignement. C'est la procession de l'Assomption. Une procession à Houat ! Nous voici tous à courir pour arriver à temps. Hélas ! le trajet est trop long, les couloirs sombres du fort, le tour du fossé, le sentier étroit conduisant au chemin central nécessitent quelques minutes de marche ; nous n'atteignons le village qu'au moment où le clergé et la population entière de la commune sont déjà entrés dans l'église.

Humble petite chapelle, cette église d'Houat, mais par le portail ouvert elle apparaît avec tous ses flambeaux allumés, un nuage d'encens flottant dans l'étroite nef ; les 275 Houatais s'y pressent,

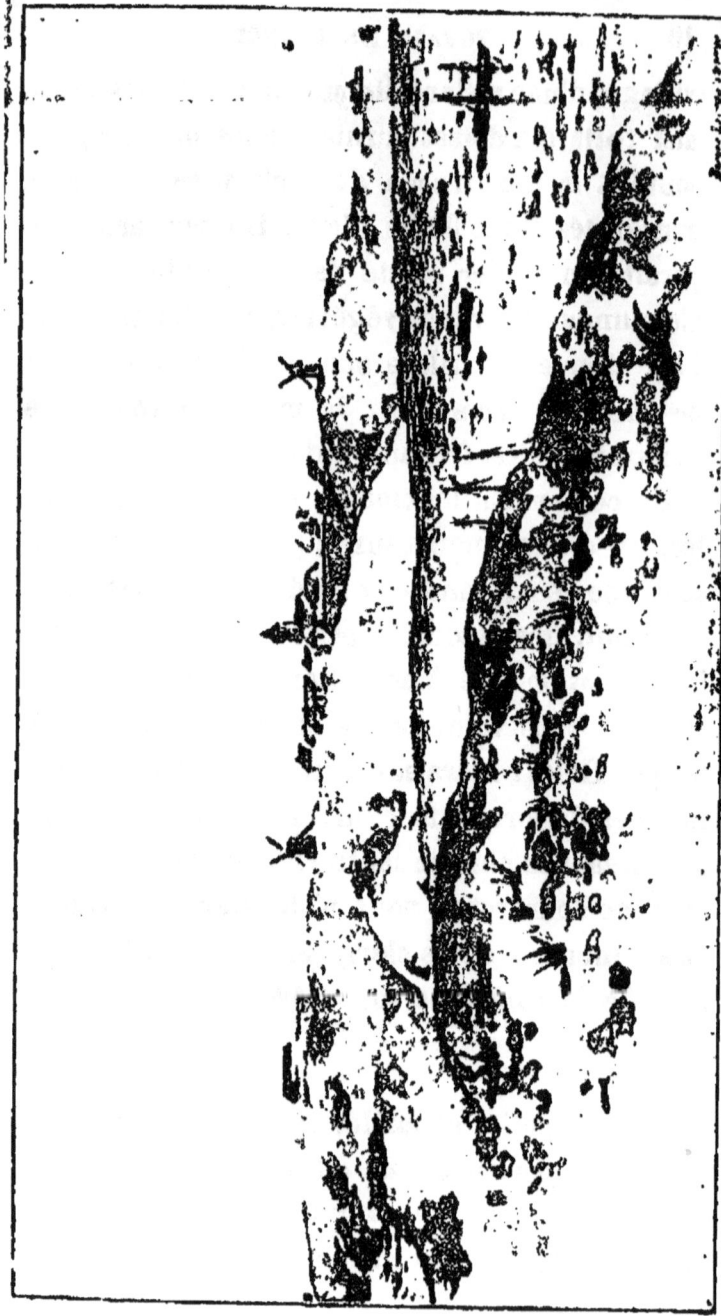

LE VILLAGE D'HOUAT

D'après un croquis de M. le capitaine L. L.

courbés devant le prêtre, le *recteur* donnant la bénédiction ; ils ont une telle attitude de foi, qu'on reste immobile comme devant un rêve prêt à s'évanouir. Les hommes, aux faces énergiques, la barbe en collier, les cheveux en broussaille, des anneaux d'or aux oreilles, le torse enfermé en de courtes blouses de toile noire ; les femmes, aux coiffes blanches, aux vêtements de couleurs assombries dans lesquelles dominent les diverses gammes du bleu, relevées par le vert et le rouge de quelque partie de toilette. Les jeunes filles sont en blanc ou en bleu très pâle, presque effacé.

Aux murs, ou pendant de la voûte, des *ex-voto*, toujours les mêmes : de petits modèles d'embarcations, bateaux de pêche, vaisseaux de haut bord, rappelant les périls éprouvés et les miraculeuses délivrances.

Les derniers chants s'élèvent, la foule recueillie, en proie à une émotion profonde, s'incline une fois encore et la chapelle se vide ; les femmes, silencieuses, s'en vont avec les fillettes dans les maisons du village, tandis que les hommes se dirigent vers la cantine.

Le village est d'une indicible torpeur en quelques instants ; plus personne dans les ruelles étroites et dans les sortes de boulevards dénudés qui servent d'aire à battre le blé, de dépôt de combustible et de fumier. Les maisons, bâties en moellons de granit reliés avec de l'argile, sont percées de rares ouvertures ; près de la porte, des débris de cuisine en disent long sur la misère de ce petit peuple. Les coquilles de bernique dominent. L'intérieur est sombre, des meubles sans caractère reposent à même sur le sol battu, les ustensiles de cuisine sont rares, l'eau recueillie aux deux uniques fontaines de l'île est renfermée dans des cruches ventrues dont le style archaïque séduit les dames; elles rêvent d'installer chez elles, parmi les bibelots, ces jarres rustiques. Mais nul ne veut s'en dessaisir, comment les remplacerait-on ? Il faut aller à Auray ou à Vannes pour s'en procurer d'autres.

Toutes ces maisons, tous ces intérieurs se ressemblent. Cependant quelques-unes présentent un aspect de propreté, presque de confort. Le maire, un marin comme tous les autres habitants d'Houat, nous fait les honneurs de chez lui ; il nous conduit ensuite à la *boutique*, seul magasin de l'île, sorte de société de consommation dirigée par des sœurs de l'ordre de Jésus de Kermaria. C'est là qu'il faut s'approvisionner en vivres, mercerie, etc. C'est avec la cantine, le moulin et le four banal, encore administré par le curé, le reste du régime théocratique qui a valu à Houat et à Hoëdic leur célébrité et dont je parlerai tout à l'heure.

Près de la boutique est la *cantine*, grande salle aux murs nus, garnie de massives tables de chêne et de bancs. Jadis elle était le monopole du recteur, le seul endroit de l'île où l'on eût le droit d'acheter du vin ou de l'eau-de-vie. Malgré le changement survenu depuis une dizaine d'années, aucune concurrence ne s'est établie. La cantine est encore le rendez-vous des hommes. Elle est séparée en deux par une cloison dans laquelle ouvre un portillon à hauteur d'appui; par cette ouverture, la cantinière sert les consommations. Quand nous arrivons, les pêcheurs boivent du vin et causent bruyamment; notre entrée fait le silence, on sait qu'il y a un sous-préfet parmi nous; ce titre a ici une puissance réelle. On apporte des verres de rhum à toute l'assistance et nous trinquons avec les Houatais, à la prospérité de l'île et à la construction du port.

Ce petit incident ne semble rien : en réalité, pour qui a visité Houat il y a quinze ans encore, c'est une révolution comparable à 1789. Alors nous n'aurions pu entrer à la cantine sans l'autorisation du curé; il aurait pu défendre de nous donner à boire et il eût été obéi. Houat et sa voisine Hoëdic étaient deux petites républiques qui avaient confié au recteur tous les droits administratifs, lui avaient remis l'autorité la plus absolue. Le curé n'était pas seulement le chef de la paroisse, il remplissait aussi les fonctions de maire, de juge de paix, de syndic des gens de mer, de percepteur et de fournisseur. Il percevait les droits de douane et d'octroi, il dirigeait la poste et le télégraphe et tenait la pharmacie. C'est le curé qui arrangeait les différends; avec le petit trésor commun, il faisait des avances aux pêcheurs; il dirigeait l'enseignement dans les écoles tenues par des sœurs.

Cette tutelle du recteur est restée longtemps une des grandes curiosités de la Bretagne. Mais si ce mode archaïque de société ne trouvait que des admirateurs au dehors, il n'en était point de même dans les îles. Houat et Hoëdic avaient de véritables chartes prévoyant par le menu les droits et les devoirs de chacun — nous donnons plus loin la charte d'Hoëdic, d'ailleurs semblable à celle d'Houat. — On voulut davantage. La direction ecclésiastique avait eu le grand tort de ne pas tenir compte des aspirations des insulaires vers un état moral supérieur; pour maintenir la sujétion, on n'enseignait même pas le français.

Jusqu'en 1869, l'institutrice chargée de diriger l'*école* ne savait pas le français ; elle se bornait à apprendre à ses élèves des prières en breton et en latin. Elle resta trente-cinq ans dans ces fonctions. A Hoëdic, l'institutrice qui dirigeait l'école depuis 1848 savait le français, dit M. Collin, inspecteur de l'enseignement, mais elle se gardait bien de le parler à ses élèves !

De 1869 à 1880, il y eut un petit progrès, les sœurs vinrent ; elles savaient le français, mais, comme par le passé, on se borna pourtant aux oraisons bretonnes et latines. En 1881, sur la demande du conseil municipal du Palais, commune de Belle-Isle, dont les îles faisaient partie, des écoles furent installées ; mais les filles continuèrent à aller chez les sœurs, tandis que les garçons fréquentaient assez assidûment les cours officiels.

Ce fut le premier coup porté à l'institution théocratique. Il y a douze ans, on fit un nouveau pas en avant ; les deux îles formèrent des sections de la commune du Palais, ayant chacune un adjoint spécial. Enfin, il y a trois ans, on fit de ces sections deux communes distinctes dépendant du canton de Quiberon. Houat et Hoëdic ont chacune leur maire, la gestion des affaires publiques est passée à ce magistrat municipal, les affaires maritimes sont confiées à un syndic des gens de mer, le bureau télégraphique est tenu par un marin qui fait le service postal, un instituteur venu du continent dirige l'école des garçons.

Tout n'a pas marché à merveille au début ; ces populations, habituées à se sentir dirigées, ont été quelque peu éblouies de leur subite liberté ; après tant d'années d'abdication, elles ont à faire l'apprentissage de leurs droits. Il y a donc en ce moment une sorte de crise morale dont le rapide bon sens des insulaires aura bientôt raison. J'ai été surpris en causant avec le maire et les notables de la netteté de leurs vues. Ils sont loin aujourd'hui des sentiments farouches qu'on leur prêtait à l'égard des étrangers.

Il se fait dans cette population un mouvement confus qui promet de bien autres transformations encore. L'enseignement donné en français, l'autorité civile passée aux mains des laïques, la gestion des biens communaux en attendant celle des établissements communaux, tels que le four et les moulins banaux, la cantine et la boutique, sont des réformes que nul n'aurait osé prévoir. Peut-être verrons-nous disparaître aussi l'espèce de communauté dans la culture du sol et la singulière forme de propriété agraire qu'on appelle le *sillon* et qu'on retrouve dans plusieurs autres îles du Morbihan[1].

Le sillon, à Houat comme à Hoëdic, est une bande de terre longue de 40 mètres et large de 65 centimètres environ, c'est-à-dire de deux pieds. Bien rares sont aujourd'hui les propriétés qui ont 10 sillons. Le plus souvent, le bien se compose d'un seul sillon, parfois même d'un demi-sillon. Il n'y a pas moins de 4,000 parcelles à Houat! Poussé à ce point, le morcellement du sol semble avoir atteint les dernières limites, comme il l'a fait à l'île de Ré[2]. Cependant on a été plus loin à Houat, ne pouvant réduire le sillon aux proportions presque infinitésimales d'un sixième, on a imaginé, au moment de la répartition des héritages, la propriété indivise entre les héritiers. Chacun d'eux est propriétaire pendant une année; s'il y en a trois, chacun retire une année sur trois la récolte du lopin.

La culture de ces terres minuscules semblerait impossible; de fait, on ne pourrait diviser effectivement les récoltes en champs aussi exigus; l'esprit de communauté qui préside à tous les actes

---

[1]. Voir plus loin les chapitres consacrés à Hoëdic, à Groix et à l'île d'Arz.

[2]. 3ᵉ série du *Voyage en France*, page 136.

de la vie à Houat a trouvé un remède, les parcelles voisines sont labourées ensemble, la récolte du champ ainsi préparé se fait par toutes les familles dont les parcelles ont été retournées par le même trait de charrue ; il en est ainsi pour la récolte et le battage des grains. Ceux-ci sont alors répartis entre les associés ; la récolte des pommes de terre et des choux, qui sont avec le blé et la vesce à peu près les seuls produits de l'île, a lieu de la même façon. Jadis les discussions qui auraient pu s'élever étaient soumises à l'autorité du recteur, aujourd'hui encore celui-ci est resté l'arbitre.

L'île est loin de produire en quantité suffisante la nourriture de la population, à peine recueille-t-on le nécessaire pour six mois ; il faut acheter à Auray, au moyen des produits de la pêche, le blé et les pommes de terre. Pourtant on pourrait obtenir des produits plus abondants en employant des procédés de culture moins primitifs et en mettant en valeur la partie inculte. La jachère est la base de l'exploitation du sol ; l'île est divisée en sections séparées par des murs de pierres sèches appelés fossés ; ces sections se reposent ou produisent alternativement ; les fossés sont soigneusement entretenus ; pour ce travail, les familles sont groupées en escouades de six ménages. Les huit escouades sont à tour de rôle chargées de l'entretien « dans l'ordre où elles font cuire le pain au four banal ».

Pour engrais, on ne connaît guère que le varech, le fumier est peu abondant. D'ailleurs la bouse de vache est trop précieuse comme combustible. Il ne faut chercher ici ni les amendements calcaires ni les engrais chimiques, aussi les cultures restent-elles maigres ; sans le repos imposé à la terre, sans l'emploi du varech pour la fumure, elles seraient plus insuffisantes encore. Le travail des champs incombe presque entièrement aux femmes ; du reste, dans les îles, la femme et le mari ont une existence presque séparée. Si pendant la pêche tous les soins de la culture incombent à la femme, le mari, présent dans l'île, mange à la cantine, où il porte le dîner préparé par la ménagère. Celle-ci vit complètement à l'écart ; bien peu de femmes sont allées sur le continent. La charte locale interdit même à celles qui ne sont pas mariées de se rendre sur la grande terre avant d'avoir atteint l'âge de 30 ans, de peur qu'elles « se gâtent » (*sic*).

La vie de famille est donc réduite à la plus simple expression, elle se renoue cependant pour les grandes circonstances de la vie : naissances, mariages, décès. Encore l'esprit de communauté se montre-t-il. Aux baptêmes, toute la population se rend à l'église après les libations de café et de vin faites par les parents les plus rapprochés. Les hommes présents dans l'île, réunis sous la direction du curé, chantent un *Te Deum* si c'est un garçon qu'on baptise, un *Ave, maris Stella* si c'est une fille.

Aux enterrements, tout le monde suit le mort à sa dernière demeure, dans ce petit cimetière voisin de l'église décrit par Alphonse Daudet, « dont les rares croix noires semblent des mâts au port dans l'horizon qui nous entoure ». Cimetière récent, comme l'organisation actuelle de l'île. Jusqu'à ces dernières années, dit encore Daudet, « on avait toujours creusé le sol au hasard et rendu à la terre des morts anonymes, ainsi que dans les grandes traversées on les livre au flot qui passe ».

Le cimetière est voisin d'un moulin banal construit en 1831. Avant cette époque, on devait acheter la farine sur le continent. Lorsque l'état de la mer ne permettait pas le ravitaillement, on faisait une farine grossière au moyen de mortiers et de molettes semblables à ceux que M. l'abbé Lavenot a retrouvés dans les ruines des dolmens. Pour alimenter les deux moulins, il faut, je l'ai dit déjà, avoir recours au continent. De plus, les deux ou trois jardins du village sont insuffisants :

on doit aller chercher les choux, les carottes et les oignons comme le blé. Le sel est également acquis au dehors, mais par la communauté. Auray, ville située dans l'intérieur des terres et dont le port est accessible en tout temps, est le marché préféré. Deux fois par an, le 15 octobre et le 19 novembre, c'est-à-dire à l'entrée de la mauvaise saison, les barques des îles se rendent à Auray pour faire des emplettes qui permettront de passer l'hiver. Il faut non seulement des vivres, mais encore du bois de chauffage; le petit archipel est complètement dénudé et, malgré le soin avec lequel on recueille les ajoncs et les algues, malgré les bouses de vache séchées comme à Yeu et à Noirmoutier, on ne pourrait faire cuire le pain et les autres aliments sans le bois acheté sur le continent.

La récolte des produits que l'île peut donner sans culture, ajoncs ou varechs, est soigneusement réglementée, comme on pourra en juger par la charte de l'île d'Hoëdic. Les joncs des étangs, les fougères de la lande et des creux de rochers, les parties gazonnées des îlots sont également soumis à une exploitation régulière. On ne saurait mieux comparer toutes ces mesures qu'à la stricte répartition des rations sur un navire en mer.

Et ce sont bien des navires, ces îles de la côte

bretonne, moins peuplées que la plupart des bâtiments de nos escadres. Navires sans cesse à l'ancre d'où essaiment chaque jour pour la pêche au homard, à la langouste et à la crevette les barques hardies des pêcheurs houatais. La mer complète les ressources pour la vie que mesure trop parcimonieusement le sol. Ici encore l'esprit d'association est intervenu ; ici encore l'autorité du recteur, jadis officielle, devenue occulte mais très grande toujours, intervient. Le marin manque généralement de prévoyance, aussi le crédit lui serait-il refusé s'il n'avait pas trouvé dans la communauté les ressources nécessaires pour l'armement d'une chaloupe pendant l'année. C'est ce qu'on appelle la grosse : 400 fr. environ mis à la disposition de chaque équipage pour renouveler son gréement, ses casiers à homards, ses filets à « vieille ». Cette somme doit être remboursée dans l'année, sinon, l'année suivante, l'avance atteint seulement un chiffre égal à celui qui a été remboursé.

On pêche surtout le homard et la langouste à Houat et à Hoëdic. Ces crustacés, portés aux marchés du Croisic et d'Auray, ont leur principal débouché en Angleterre. On en a expédié des deux îles 27,000 à Southampton en 1893 et 22,800 en 1892. L'hiver on fait la pêche au chalut, pour la crevette surtout. De toutes les populations de pêcheurs, celle d'Houat est la plus heureuse; les qualités morales des insulaires, leur sobriété, leur amour du travail, font que la part de pêche de 500 fr., rendement à Belle-Isle, atteint 664 fr.

Hoëdic, où la population est moins travailleuse, atteint 559 fr. seulement.

Et cependant Houat n'a pas de port ou du moins celui-ci est à peine à l'état de projet. Quand un abri sérieux aura été créé dans la baie de Treach er Gouret, peut-être les pêcheurs houatais pourront-ils entreprendre des opérations plus fructueuses.

L'école créée par la commune aura pour résultat d'augmenter l'esprit d'entreprise, mais pour cela il faudrait que la situation de l'instituteur fût plus relevée. Tout à l'heure, un seul habitant de l'île manquait à la procession et à la réception de la cantine, c'était le maître d'école. Nous l'avions aperçu dans le fort où il habite, où sont installées les classes, errant comme un prisonnier! Ce n'est pas ce qu'il faut ici : le maître doit être un esprit ouvert, large, tolérant, sans cesse mêlé à la population. Il doit remplacer dans la direction de ces êtres frustes le recteur maintenant confiné dans ses fonctions de pasteur des âmes. Ce n'est pas en faisant des îles un poste de début ou un poste de disgrâce qu'on y parviendra. Il faut relever la fonction aux yeux des insulaires, relever aussi le traitement. Dans ce pays sans commerce, sans ressources, sans pain autre que celui qu'on fait soi-même, les maigres émoluments du maître ne peuvent suffire. Envoyez à Houat et à Hoëdic des instituteurs mûris, de bon conseil, connaissant à la fois la mer et la culture, ayant l'âme assez forte pour ne pas craindre l'isolement, et ces îles déshéritées seront transformées. Le changement serait bien plus rapide encore si des étrangers, attirés par les belles plages de l'ouest de l'île, par ses rochers si hardiment découpés, ses îlots pittoresques habités par des myriades d'oiseaux de mer et ses éblouissants horizons, allaient y passer les étés. L'espace ne manque pas sur les dunes et les landes pour y installer des habitations estivales.

Disons adieu à Houat. Un chemin passant près de la fontaine commune conduit au port. Avec nous fait route le recteur ; lui aussi se rend à Hoëdic, il doit visiter son collègue qui est alité. Une barque armée par les Houatais l'attend, c'est la chaloupe que la charte met à sa disposition. Auprès de notre goélette, c'est une coquille de noix, aussi offrons-nous au curé de prendre passage à notre bord ; il accepte, son bateau sera attaché à l'arrière du *Gouëzel* et les deux équipages réunis feront la manœuvre sur le petit navire.

Voici la plage, d'un sable fin, blanc, ferme au pied, qui contient de l'or, dit-on. Il étincelle en effet au soleil, mais les reflets sont produits par des parcelles de mica. La mer s'est retirée, nous devons aller assez loin trouver le canot ; en quelques coups de rame nous voici accostés, les voiles sont hissées, le vent est favorable, en moins d'une heure nous aurons franchi les cinq kilomètres qui nous séparent d'Hoëdic.

Adieu donc Houat, que nous venons de voir si calme, d'une solitude si profonde et qui vit cependant un des drames les plus douloureux de notre histoire. Là vinrent débarquer, conduits par le commodore Waren, sur les vaisseaux anglais, les survivants de l'expédition de Quiberon, les émigrés qui expiaient si durement le crime d'avoir porté les armes contre leur patrie. Émigrés et chouans ne tardèrent pas à être en proie à la misère la plus profonde. Comment faire vivre ces centaines d'hommes ? Une épidémie vint s'abattre sur eux et faire des ravages terribles. 1,200 d'entre eux périrent en un mois. L'histoire de cette agonie lugubre n'a pas été écrite, les dunes et les sillons d'Houat en gardent le secret.

L'île revit encore une flotte anglaise l'année suivante. A la fin d'août 1794, 140 voiles escortées par l'escadre de lord Cornwallis apparurent. Sur l'un de ces vaisseaux se trouvait le comte d'Artois, depuis Charles X; il débarqua à Houat et fit un moment de l'île son quartier général. Là s'agitèrent de nouveaux complots pour soulever la Bretagne. Le prince ne réussit pas. Après une visite à Hoëdic, il se rendit à l'île d'Yeu pour aider à la campagne de Charette en Vendée. Après l'insuccès de cette nouvelle tentative, les Anglais parurent de nouveau à Houat et en firent sauter les fortifications. Tel fut le rôle de cette petite terre française dans le drame lamentable de Quiberon.

II

LA CHARTE DES ILES BRETONNES

Une constitution théocratique. — Un petit Quatre-vingt-neuf.
Adoption du régime constitutionnel.

A bord du Gouézel, 15 août.

Pendant que notre petit navire court sur le flot que le vent un peu plus frais commence à agiter, je parcours la Constitution de l'île d'Hoëdic, conclue entre le recteur, représentant suprême de l'autorité divine et humaine, et les habitants. Cette charte régit également Houat, sauf quelques modifications imposées par la topographie de l'île ; elle n'a plus aujourd'hui qu'un caractère historique, car l'érection des îles en commune a enlevé aux deux curés leur autorité nominale ; leurs pouvoirs ont été transférés au maire, au syndic des gens de mer, de même le conseil des douze vieillards, d'un parfum biblique, est devenu un conseil municipal. En fait, l'influence des recteurs est demeurée grande et les mœurs révélées par ce curieux document restent vivantes.

Art. 1er. — *De l'église.* — Le profit de la cantine se verse, ainsi que tout ce qui revient à l'église, dans le trésor qui est au presbytère à la seule disposition du curé. De ce trésor l'on tire ce qui est nécessaire pour l'entretien de l'église et du presbytère ; l'on prête sans intérêt, des *grosses* (avances en argent) aux chaloupes de l'île et de l'argent aux particuliers dans leur extrême nécessité. C'est le recteur qui tient note des dépenses, nomme les notables, règle ou dirige tout ce qui regarde le bien général spirituel et temporel, qui prête et qui fait payer ou rendre, et ne rend compte qu'à sa conscience. Les deux époques où il peut retirer ce qu'il a à créance sont : le carême, la fin de la pêche de la sardine, et lorsqu'on paie les travaux établis dans l'île, époque où les Hœdicais ont de l'argent entre les mains. C'est aussi alors qu'il perçoit les impositions.

Art. 2. — *Droits du recteur.* — Le recteur a sa part du jonc que l'on coupe dans l'étang. Chaque famille est tenue de lui donner un *minot* (40 litres) de farine chaque année. Chaque famille doit lui envoyer deux faix de tablier de paille de froment. On lui donne en général son lotis (sa part) dans un partage public. Les habitants sont tenus de faire tout ce qui regarde les grandes besognes du presbytère ou du recteur, c'est-à-dire les corvées. Quand on coupe la fougère publique, il peut envoyer une personne pour couper sa part. Le reste du fossé qui n'est à aucun habitant est au recteur. Il en est de même d'une terre à l'ouest nommée *Var plat agoac* (plateau humide); mais pour cela il doit une messe, tel qu'il est marqué au missel en son lieu. Lorsqu'un recteur est changé, il doit laisser 12 minots à son remplaçant ainsi que tout ce qui reste encore en terre.

Art. 3. — *De la chaloupe du recteur.* — L'île doit au recteur un bateau assez fort pour son service d'été. Ce bateau est entièrement à sa disposition. Personne ne doit s'en servir sans la permission du recteur, permission qu'il ne faut accorder que le plus rarement possible, car on est en général très peu soigneux pour ce qui n'est pas personnel. L'entretien du bateau est à la charge de l'église, qui fournit un franc par jour pour chaque marin quand on est en voyage, à moins que le recteur ne nourrisse lui-même son équipage

Art. 4. — *Du garde-chasse.* — Le devoir du garde est d'empêcher principalement les étrangers de faire tort à quelque Hoëdicais. Il peut et doit quelquefois les arrêter ou leur enlever quelque objet de grande valeur pour les forcer à le suivre chez le recteur, qui jugera consciencieusement la chose. La chose enlevée ne sera jamais rendue qu'autant que le délinquant aura payé un franc et réparé le tort s'il y en a. Il les empêchera d'emporter de la fougère, de chasser à plus de 150 mètres de la pleine mer haute...... S'il rencontre un habitant de l'île à faire le même tort, il se conduira à son égard comme avec un étranger. Il n'inquiétera personne avec armes à la distance marquée de la pleine mer, ni dans aucun chemin public, mais ses droits s'étendent partout ailleurs.

Art. 5. — *Du garde champêtre.* — Le garde champêtre a 50 fr. sur le trésor de l'église. Son office est de rendre compte au recteur des bestiaux qui passent dans les contrées ensemencées, dans l'étang enclos, et des murs qui ne sont pas en bon état. La loi sur ce sujet est ainsi conçue : « Toutes les bêtes à cornes qui passent dans les contrées ensemencées ou jardins clos paient 5 sous à l'église, de même que les cochons qui doivent être muselés ; et pour un cheval on paie 10 sous. Si celui à qui appartient la bête paie avant le dimanche suivant, son nom restera dans l'oubli, sinon on le publie au prône de la grand'messe, et le recteur marque la somme due au registre des dettes. » — L'office de garde champêtre commence chaque année un mois après que les terres ont été ensemencées. Il continue jusqu'à ce que la dernière charretée de blé soit sortie du champ. Le recteur avertit au prône de la grand'messe quand l'office du garde champêtre commence. Pour s'acquitter de son devoir, il est obligé de faire partout deux visites par jour.

Art. 6. — *Des notables*. — Il y a 12 notables qui sont choisis parmi les plus anciens et les plus raisonnables de l'île. Si quelqu'un d'entre eux s'avisait de faire la mauvaise tête, le recteur pourrait le mettre de côté et en nommer un autre. — Quand le recteur désire faire quelque chose pour le bien des habitants, comme faire réparer les chemins, faire travailler sur les chaussées, faire réparer les murs, etc., il convoque le conseil des notables, s'il le croit à propos et délibère avec eux.

Art. 7. — *De l'école*. — L'école commence à huit heures du matin et à une heure de l'après-midi. La classe doit durer deux heures. Tous les enfants, depuis l'âge de sept ans jusqu'à leur deuxième communion, sont obligés d'y assister, sous peine d'être mal notés chaque classe manquée; il en est de même si l'élève n'y entre qu'un quart d'heure après que la classe est sonnée. Personne n'a le droit de se mêler de l'école que la maîtresse et le recteur. A sept heures du soir en hiver et à huit heures en été, la même cloche sonne pour la fermeture de la cantine et le commencement de la prière, qui se fait publiquement à la maison d'école par le recteur. Elle consiste en la prière du soir ordinaire, trois couplets de cantiques et la lecture de deux pages suivie des *Actes*, de *l'Angelus* et du *Sub tuum præsidium*.

Art. 8. — *De la cantine*. — Le cantinier ou la cantinière devra être la personne la plus intègre de l'île; elle est soumise aux ordres du recteur. Si le cantinier ne fait pas son devoir, le recteur peut le casser et nommer un autre à sa place. Le recteur peut augmenter le prix du vin. Le cantinier a 6 fr. par barrique pour sa peine.

Le recteur met de côté l'achat du vin et met le profit dans le trésor de l'église. — On ne peut faire venir du vin en gros dans l'île sans la permission du recteur. Si cependant le contraire arrivait, le recteur le ferait mettre à la cantine pour être vendu au profit de l'église, en remboursant seulement au réfractaire le prix qu'il a payé pour sa boisson. Le recteur doit être très sévère, afin que la cantinière ne donne jamais de boisson à crédit, même pour l'espace d'un quart d'heure, autrement il se glisserait dans l'île des désordres irrémédiables; il doit être sourd à toutes espèces d'excuses ou d'observations que l'on en apporte. La cantinière doit toujours fermer la porte de la cave sur elle et ne l'ouvrir à personne pour y boire ; l'autre appartement est à ce destiné.

Chacun des marins qui forment l'équipage, lors d'un envoi frauduleux plus haut mentionné, est marqué sur le registre des dettes pour une somme de 3 fr. La cloche de l'école, quand elle sonne pour la prière du soir, indique aussi le moment où la cantinière doit fermer sa porte.

ART. 9. — *De la boutique ou magasin.* — Lorsque la maîtresse d'école arrivera à Hoëdic, elle sera installée dans la *boutique* dont elle sera chargée. Le recteur doit veiller, de peur de graves inconvénients, à ce que personne ne communique avec elle de quelque manière que ce soit, sans sa permission. C'est le recteur qui s'occupera, à défaut de suffisance de la maîtresse d'école, de faire venir les marchandises, de faire les paiements de la boutique, dont la moitié du profit appartiendra au trésor de l'église (le reste est pour la fille) ; de procurer à la nécessité dans le ménage de la fille, mais, autant que possible, aux dépens de ses revenus. Si le bureau de tabac est établi et qu'une autre personne que la maîtresse d'école en soit chargée, il serait bon qu'elles partageassent leurs bénéfices comme sœurs, et se remplaçassent même à l'école au besoin.

ART. 10. — *De l'étang.* — Lorsqu'on a enclos le grand étang, on avait partagé l'emplacement du fossé en lots, selon le nombre des familles en commençant auprès du pont. A chaque lot on plaça un numéro et ensuite on alla au presbytère tirer au sort. Chaque famille a élevé sa *lotie* de fossé selon son numéro. Elle est obligée de le tenir en bon état sous peine d'amende. Lesdits numéros se trouvent sur un registre à ce destiné. Ils appartiennent à chaque famille en propre et chaque part a une marque distinctive. Chaque famille a son lot égal du jonc qui pousse dans l'étang et est tenue d'y travailler en conscience sous peine d'être exclue du partage. Il a été arrêté qu'une personne seulement de chaque famille pourra couper de l'herbe dans l'étang, mais à trois pas des fossés et cesser de le faire quand le recteur l'aura annoncé.

Art. 11. — *La fougère.* — Personne ne doit toucher à la fougère publique qu'après la pêche de la sardine, et lorsque le recteur l'aura publié ; il en est de même des champs en second lieu ensemencés, pour obvier aux rapines. Quand le recteur a publié de couper la fougère, un de chaque maison peut y aller quand il lui plaira. Les champs ne peuvent être libres tant qu'il y aura un sillon à moissonner.

Art. 12. — *L'Île aux Chevaux.* — L'île aux Chevaux, autrement nommée le « Mal vaut », appartient aux deux îles d'Houat et Hoëdic. Les recteurs doivent faire observer strictement l'ordonnance que le maire du *Palais* en Belle-Isle-en-Mer a donnée sur cet article, savoir : que dorénavant, chaque île y coupera l'herbe alternativement.

Art. 13. — *Du sel.* — Le recteur envoie, au mois de juillet, la chaloupe de corvée pour chercher les

1,500 kilogr. de sel, en franchise, accordées par le Gouvernement. Il a soin de le faire porter par une personne de chaque ménage, du port au magasin, de le faire distribuer ensuite par une personne sûre, en donnant le poids de 6 kilogr. ou 12 livres moins un quart à chaque habitant, grand ou petit. On retire ce quart; autrement l'église, qui fait l'avance pour l'achat, y perdrait par le déchet. Il doit payer le kilogramme d'après le prix qu'aura coûté le sel en argent comptant; il ne l'aurait peut-être jamais autrement.

Art. 14. — *Des lots du champ de l'Ouest.* — Chaque lot de terrain ou de fossé du champ de l'Ouest appartient à une famille d'Hoëdic selon le numéro indiqué.

Art. 15. — *De la chasse.* — La chasse est libre en toute saison pour les Hoëdicais, à moins que le recteur ne juge autrement pour des raisons légitimes. Les étrangers ne peuvent chasser dans l'île qu'avec l'autorisation du recteur de l'endroit, qui pourra leur faire payer 1 fr. par jour pour chaque fusil, au profit de l'île.

Art. 16. — *Des voleurs.* — Celui qui sera convaincu de vol paie, pour la plus petite chose, 1 fr. pour l'église, et cette amende augmentera cependant à mesure des dommages. Si un étranger s'avisait de transgresser les règlements du pays, les habitants pourraient se faire justice eux-mêmes, d'après l'avis du recteur.

Art. 17. — *Des terres communes.* — Lorsque quelqu'un veut avoir quelque terre commune en propre, le recteur prend l'avis des notables pour savoir s'il n'y a pas d'inconvénient à la vendre. On l'achète au profit de l'église à 15 centimes le pied carré pour les gens de l'île et à 25 centimes pour les étrangers. — Pour l'aisance, on ne doit permettre de bâtir qu'à 18 pieds d'une autre maison, par où il ne passe pas de charrettes, et à 22 pieds où il doit en passer

Art. 18. — *Des obligations communes.* — Chaque ménage est obligé de participer aux obligations ou charges publiques avant de prétendre aucune part aux avantages publics. Les *charges* publiques sont : les corvées, le chauffage du four, les contributions, la quête du recteur, etc.

Art. 19. — *Des travaux.* — Le temps disponible pour les travaux publics est depuis le mois de novembre jusqu'à la fin de janvier. Le temps contraire force quelquefois à le faire dans une autre saison, comme dans le mois de mai. Ceux qui manquent aux travaux de l'île sont punis d'une amende de 10 sous chaque fois et publiés le dimanche suivant. Ces travaux se font par corvées individuelles, par section, par division, ou autrement, et par conséquent tous les hommes doivent s'y trouver.

Art. 20. — *Des chaloupes du pays.* — Chaque chaloupe est obligée de faire le service de corvée à son tour, soit pour les affaires du pays, soit pour celles du recteur. Si un équipage faisait le récalcitrant, le recteur pourrait lui refuser la grosse pour l'été suivant. La chaloupe que l'on envoie pour le service des habitants à une foire reçoit : pour une vache ou un cheval, 5 sous ;

pour une paire de bœufs, 15 sous, et 8 sous pour toutes autres bêtes, aussi bien que pour chaque personne qu'elle prend à son bord. — A chaque voyage qu'une chaloupe fait pour l'église ou pour le recteur, on donne 3 fr. au patron pour le trésor public, et le recteur n'est tenu à rien autre chose ou 30 sous pour une barrique qu'une chaloupe a envoyée à la cantine seulement. Une chaloupe qui refuse de faire sa corvée est taxée à 15 fr. payables entre l'équipage et la corvée reste toujours à faire.

Art. 21. — *Des grosses*. — Le recteur prête sur le trésor public à chaque chaloupe la somme de 400 fr. Si l'une des chaloupes ne rend pas toute sa *grosse* dans la même année, on ne lui prête l'année suivante que ce qu'elle aura rendu, pour forcer l'équipage à regarder par là de plus près. Nos gens sont plus portés à leurs propres intérêts qu'à ceux de l'église. Si l'on se mettait à compléter leur *grosse* tous les ans, il leur en faudrait donner tous les ans de nouvelles et ils épuiseraient le trésor dans peu de temps. On prête la *grosse* quand elle sort du trésor et quand elle y rentre. Elle doit toujours être complète, ou en numéraire de 2,000 fr. dans la bourse à ce destinée, ou devant l'être avec ce que les chaloupes en ont pris.

Art. 22. — *Du four*. — Les habitants de l'île sont partagés par sections, qui sont tenues de chauffer le four chacune à son tour. Si un des membres de la section ne coopérait pas au chauffement, le recteur le condamnerait publiquement à une amende de 1 fr. chaque fois, ou l'empêcherait de cuire dans l'île. Pour obvier à de bien graves désordres, on a nommé un certain nombre de chauffeurs, à qui personne n'a droit de commander en ce qui regarde le four. C'est à eux de décider combien de *tourtes* doivent être cuites dans le four quand le four est chaud, quand on doit mettre les pains, quand on doit les retirer. Les gâteaux sont défendus.

Art. 23. — *Règlement du meunier.* — Le conseil réuni au presbytère (6 janvier 1882) a arrêté comme il suit en ce qui regarde le meunier : 1° on lui accorde tous les ans 300 fr.; 2° un champ ayant 60 pas de long sur 30 de large ; 3° il pourra s'approvisionner du continent par les bateaux qui seront de corvée pour le recteur ; 4° il aura pour une vache droit aux avantages communs.

Les habitants s'engagent vis-à-vis de lui aux conditions ci-dessus mentionnées pendant neuf ans et le meunier, de son côté, s'engage aux promesses suivantes : 1° Il accepte une ferme de neuf ans ; 2° Il fera dans le moulin les petites réparations qui sont à sa portée et ne lui occasionnent pas de frais pécuniaires ; 3° Il donnera au pays toutes les moutures.

Art. 24. — *Des offices.* — L'habitude ici est de donner, les dimanches et fêtes, la communion à huit heures du matin à ceux qui sont gênés pour attendre la grand'messe, dans laquelle on la donne aux autres. — La grand'messe se chante à neuf heures, à l'évangile de laquelle on fait le prône. Les vêpres se chantent à deux heures. Si c'est simplement le premier dimanche du mois, on fait la bénédiction avec l'exposition du saint Sacrement. On précède la bénédiction d'après vêpres par le cantique : « Vive Jésus, vive sa croix », en breton. — Toutes affaires temporelles, comme spirituelles, s'annoncent au prône de la grand'messe lorsque le recteur le juge convenable. — Une demi-heure après le coucher du soleil en hiver, et une demi-heure avant en été, la prière se dit en commun à l'église tous les dimanches et fêtes d'obligation.

ART. 25. — *Des fêtes.* — Le 15 août, après vêpres, on fait la procession au port, où l'on bénit les bateaux qui ne l'ont pas été. Le 8 septembre, grand pardon de l'île. Avant la messe on chante le cantique de *Magnificat* en breton ; après vêpres, la procession va à la fontaine, où l'on encense la statue de la sainte. On allume le feu de joie en chantant le *Te Deum* et l'on s'en retourne.

ART. 27. — *Des dettes.* — On ne doit prêter de l'argent qu'à ceux de qui on est sûr de le recevoir ; on en demande sans cesse, mais on ne parle pas une seule fois de le rendre, sans le nier toutefois. Nos gens réclament scrupuleusement ce qu'on leur doit, mais ils regardent le trésor de l'église comme une source intarissable ouverte à leur caprice. Le recteur doit saisir toutes les circonstances possibles pour faire rentrer les dettes.

ART. 28. — *Des jeunes gens.* — Il n'est pas permis aux jeunes gens de se mettre dans la navigation avant d'avoir fait leur troisième communion ; autrement ils seraient ignorants ou corrompus. Le cahier à ce destiné indique ceux qui se sont acquittés de ce devoir. — Le recteur doit tenir strictement la main pour empêcher qu'un enfant ne s'absente sans permission du catéchisme ; autrement tout serait bientôt à la débauche. Celui qui n'est pas marqué sur la liste de ceux qui ont fait leur troisième communion, doit être contraint de se faire instruire à la confirmation ou au mariage.

Art. 29. — *Des défenses.* — Il n'est permis à aucune fille qui n'a point atteint l'âge de 30 ans de sortir de l'île sans la permission de son recteur, et avec des raisons graves ; autrement elle serait bientôt gâtée. — La défense d'avoir des chiens dans l'île doit être maintenue si le recteur veut s'épargner bien des désagréments. — Pour la modestie, on a défendu aux filles d'être sans piècette (bavette) au tablier ; et comme elles sont très volages et pleines d'amour-propre, il est nécessaire de les conduire très sérieusement.

Art. 30 à 32. — Modèles de demandes, certificats ou permis pour transports, embarquements, débarquements, mandats qui devaient être rédigés par le recteur.

Vers 1877, alors qu'un vent de révolution, aurore d'un Quatre-vingt-neuf, soufflait sur ce microscome de république théocratique, le recteur d'Hoëdic voulut donner satisfaction à ses sujets. Il convoqua le conseil des Anciens, tel Louis XVI convoqua les États généraux, et proposa des réformes, le conseil opina dans le même sens ; voici la délibération qui fut prise :

L'an 1877, le 14° jour du mois de janvier, le 2° dimanche de l'Épiphanie, le conseil des Anciens de l'île d'Hoëdic, composé de 12 membres, s'est réuni dans la salle du presbytère, sous la présidence de M. le recteur. M. le recteur a exposé en quelques mots, en ouvrant la séance, l'objet de la convocation du conseil.

Le conseil, après mûre délibération, a affirmé l'observation exacte de l'ancien règlement, en le déclarant véritable, utile, nécessaire et ayant force de loi pour tous les habitants de l'île. Seulement le conseil, dans un but économique, voudrait régler le traitement des divers employés.

Art. 1er. — Jusqu'ici les deux cantinières avaient chacune 2 fr. 50 c. par barrique de vin. Désormais elles auront un traitement fixe de 300 fr. Si elles ne pouvaient pas vivre à l'aide de cette somme, M. le recteur pourrait l'augmenter plus tard suivant sa sagesse et sa volonté. La cantine sera ouverte à six heures du matin en hiver, et fermée à huit heures du soir. Elle sera ouverte vers les quatre heures du matin en été et fermée à huit heures et demie du soir. L'été comprendra l'espace de temps qui s'écoule depuis Pâques jusqu'au Rosaire. La cantine sera fermée pendant les offices. — Le bénéfice sera au profit de l'église.

Art. 2. — La boutiquière recevra un traitement de 350 fr. par an, c'est-à-dire 300 fr. pour la boutique et

50 fr. pour jouer de l'harmonium. Le bénéfice est au profit de l'église.

Art. 3. — Le meunier reçoit 600 fr. par an pour son traitement. La mouture se vend au profit de l'église.

Art. 4. — Les trois sœurs ont 900 fr. de traitement, 300 fr. chacune. Elles s'occupent du plain-chant et du linge de l'église.

Art. 5. — Le garde champêtre a 90 fr. par an ; la sonneuse 45 fr., et Th. A..., ancienne institutrice, 50 fr. Le patron du grand bateau a 300 fr.

Art. 6. — Les amendes sont publiées à l'église.

Art. 7. — Pour les dettes ; si on ne paie rien de ses dettes, au bout de deux ans, on sera publié.

Art. 8. — On fera les corvées pour l'église, le presbytère, le couvent (l'école), la cantine et la boutique, comme à l'ordinaire, gratuitement.

Art. 9. — M. le recteur reste libre d'agir en toute circonstance selon sa conscience pour le bien général.

Aucun autre objet ne restant à mettre en délibération et personne n'exposant aucune question, le présent procès-verbal est clos en séance.

Les membres présents ne savent pas signer.

Signé : Le Recteur,
Président-administrateur d'Hoëdic.

Cette délibération fut le dernier acte important de l'ancienne et vénérable assemblée d'Hoëdic ;

désormais c'est dans la mairie que les élus du peuple hoëdicais débattent les intérêts de la « commune ».

Je finis de copier ces intéressants documents dans la cabine du *Goursel,* quand on m'appelle sur le pont.

— Nous allons aborder à Hoëdic !

III

L'ILE D'HOËDIC

La maladie du curé d'Hoëdic. — Ile aux Chevaux. — Cortège féminin. — A travers l'île. — Les quatre cantons. — Pruneaux et oseille. — Mœurs hoëdicaises. — Retour sur le continent. — La rivière de la Trinité.

Locqmariaquer, 16 août.

D'Houat à Hoëdic, de l'*île du Canard* à l'*île des Canetons*, le trajet est court, 6 kilomètres à peine si l'on veut aborder Hoëdic par une des criques du nord. Nous sommes obligés de le faire, la mer descend et le port principal, le port de la Croix, assèche à marée basse. D'ailleurs pour l'atteindre il faudrait traverser le passage des Sœurs et doubler toute la partie occidentale de l'île. Ce serait du temps perdu, nous voulons regagner le continent le soir même.

Le curé d'Houat est un guide précieux pour nous, il connaît à merveille cette mer et a sur l'équipage une autorité absolue. Il sait la manœuvre comme un marin. D'abord un peu réservé avec nous, il se laisse aller aux confidences. C'est un prêtre d'une taille superbe, bien pris, le regard franc et dominateur. Il est désolé de ne pouvoir porter que des consolations au recteur d'Hoëdic, les îles n'ont pas de médecin, il en faudrait un au malade. Je lui révèle les titres du docteur et de la doctoresse Sollier, le voici enchanté, le docteur doit lui promettre d'aller examiner son collègue.

Nous passons à faible distance de l'île aux Chevaux, ce précieux îlot où les habitants des deux îles voisines vont alternativement couper l'herbe formant sur le petit plateau une prairie accidentée. Au delà, la mer brise sur une longue rangée d'écueils, reste de la terre qui reliait jadis Houat à Hoëdic. Les vagues furieuses s'élancent en fusée sur ces récifs noirâtres, au-dessus desquels tourbillonnent des nuées d'oiseaux. Et cependant l'Océan est calme aujourd'hui, à peine une houle produite par le courant dans le passage des Sœurs. Les jours de tempête ce doit être effrayant.

Le vent nous pousse rapidement. Derrière nous Houat décroît ; Hoëdic, aux formes jusque-là confuses, précise ses contours. C'est un plateau nu, supporté par des falaises se prolongeant en mer, de notre côté, par une péninsule aiguë, déchiquetée, formée de hautes roches précédées par un îlot. Deux rochers plus élevés que les autres semblent des sentinelles chargées de veiller le passage. C'est *Coh Castel*, la pointe du vieux château. Y a-t-il eu là jadis un ouvrage de défense? Il n'en reste aucune trace, les fouilles opérées sur ce point n'ont fait découvrir que des débris celtiques, des restes de sépultures, des instruments en silex. Évidemment cette péninsule a dû jadis être jalousement gardée, les replis de la roche forment de petites anses où, pendant les vents d'ouest, les embarcations sont à l'abri.

Nous jetons l'ancre en face d'une de ces anses où aboutit un sentier en ce moment couvert par une longue file de femmes et d'enfants. La haute mâture et l'ample voilure du *Gouëzel* se dirigeant vers Hoëdic ont causé une vive émotion, d'autant plus grande qu'en ce jour de fête pêcheurs et cultivatrices chôment. Les hommes, habitués à bien d'autres surprises en mer, sont restés à la cantine ou dans les rues à jouer aux boules, mais les femmes, les jeunes filles surtout viennent à notre rencontre dans la petite crique rocheuse où va nous conduire le canot du bord. A peine avons-nous mis le pied sur le débarcadère primitif formé par un rocher et nous sommes entourés d'un essaim de fillettes aux costumes éclatants et coquets; il y a ici une élégance et un souci de plaire que nous n'avons pas rencontrés dans l'austère

Houat. Les trois dames qui débarquent sont l'objet de l'admiration générale, on ne voit pas souvent de jeunes et jolies Parisiennes, ni même d'autres, à Hoëdic ; aussi ne peuvent-elles s'engager dans le chemin du village qu'entre une centaine d'yeux féminins braqués sur elles. Les enfants tendent effrontément la main pour avoir des sous ; c'est au milieu de ce cortège bruyant, jacassant, très pittoresque et vivant que nous gagnons le plateau sur lequel le village presse ses maisons.

L'aspect du bourg est plus gai que celui d'Houat. L'île, gardant l'entrée des mers bretonnes, en face du Croisic et du Morbihan, éclaire de ses feux ce passage fréquenté ; son sémaphore sert aux navires entrant en Loire, aussi s'y est-il créé une sorte de petite colonie d'humbles fonctionnaires qui ont apporté, dans l'entretien des édifices, la propreté méticuleuse des marins. Le syndic des gens de mer est né à Lorient, l'instituteur, deux employés du poste sémaphorique et trois gardiens du phare des Cardinaux, bâti au large sur un écueil sont venus du continent. Du reste les Hoëdicais aiment peu les étrangers. La pauvre veuve d'un instituteur décédé en fonctions dans l'île avait voulu créer une boutique-cantine ; à la fin de son bail elle n'a pu le renouveler et on lui a refusé la vente du moindre lopin de terre. La boutique du curé craignait la concurrence. Une

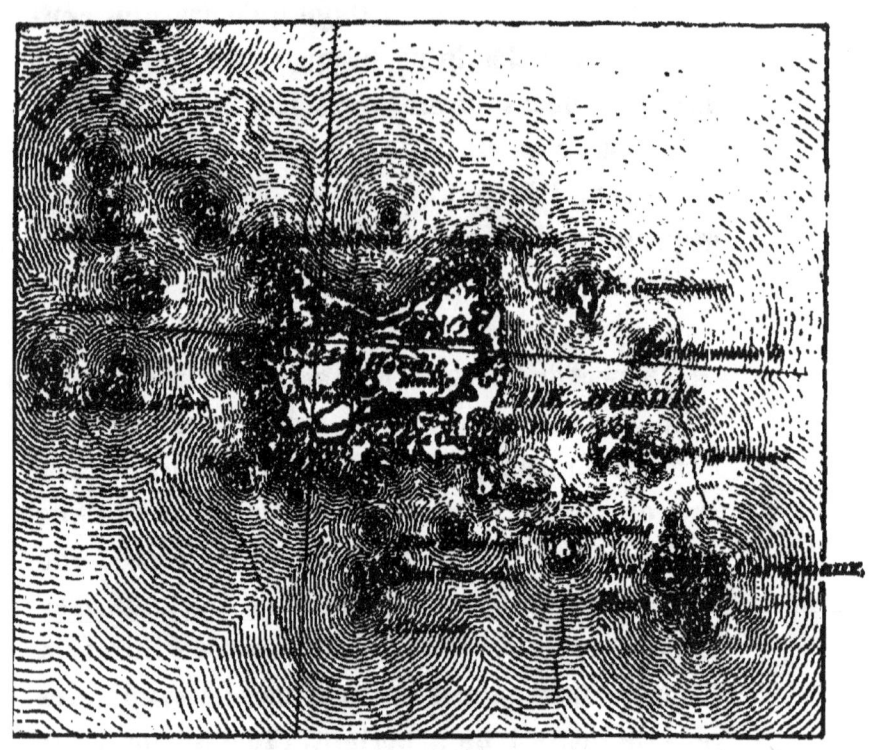

L'ILE D'HOËDIC.

D'après la carte de l'état-major au $\frac{1}{80,000}$.

autre veuve de l'île, presque sans ressources, a créé un second débit, mais elle devra abandonner sa misérable entreprise, elle serait sûre, me dit-on, de ne pouvoir moudre son grain au moulin banal, ni faire cuire son pain dans le four communal.

Le sémaphore, l'ancien phare, la maison du curé sont d'une éclatante blancheur, et cela suffit pour enlever à ce lambeau de terre un peu de son aspect de tristesse.

Dès l'entrée du village on voit l'île entière, comme un vaste champ légèrement montueux. Cela n'a point le charme mélancolique de la lande terminale d'Houat, c'est une impression toute autre, difficile à définir : on se sent moins perdu en mer, grâce aux quelques édifices semés çà et là.

Le temps presse, il me faut rapidement parcourir Hoëdic, le patron du *Gouëzel* veut lever l'ancre avant la nuit pour se diriger sur la Trinité. La carte à la main, le souvenir de lectures encore vivant, je puis aller sans guide dans l'île. Hoëdic, grâce à son petit port de la Croix, grâce au voisinage du Croisic, est plus abordable que Houat, elle a été plus complètement étudiée. Si elle n'a pas eu la bonne fortune d'être décrite par Alphonse Daudet, elle a donné lieu à une des précieuses monographies de l'école de Le Play. M. Escard lui a consacré dans la collection de la Société d'économie sociale une étude fort complète dont se sont inspirés nombre d'économistes, intéressés par le caractère patriarcal des institutions insulaires. J'ai déjà dit à propos d'Houat ce qui fut, ce qu'est encore la vie de ces deux petits peuples, je n'y reviendrai pas.

Mais il faut l'avouer, en prenant Hoëdic pour type au lieu d'Houat, les économistes ont commis une erreur involontaire. Cette dernière île, par les qualités de ses habitants, méritait mieux la notoriété. Houat est restée de mœurs plus complètement pures; moins visitée par les pêcheurs des ports voisins, par les bateaux pilotes, par les équipages de navires, elle a conservé plus entière ses qualités natives. Hoëdic, au contraire, est loin de présenter un spectacle aussi touchant ; il y a bien des verrues et des taches ; le tableau tracé si souvent des vertus hoëdicaires est trop brillant, il faudrait en atténuer l'éclat. La différence d'accueil entre celui d'Houat, cordial chez les hommes, réservé chez les femmes, et celui d'Hoëdic, indifférent chez les hommes, bruyant chez les femmes, démontrait dès le début que l'on ne nous avait pas trompé en ramenant à des proportions moins patriarcales les qualités de la population. A Houat les hommes aident les femmes à travailler la terre pendant les heures où ils ne peuvent tenir la mer ; à Hoëdic ils ignorent la culture, ce sont leurs femmes qui réparent les filets, eux dépensent en moyenne 2 fr. 50 c. par jour à la cantine et leurs loisirs sont consacrés à d'interminables parties de boules.

Je ne voudrais pas qu'on se méprenne sur ma pensée : prise dans son ensemble, la population d'Hoëdic est bien supérieure aux populations bretonnes du continent, on n'y connaît pas l'intempérance excessive de celle-ci, mais pour trouver le tableau idyllique des économistes il vaudrait mieux parcourir Houat. Le rôle prépondérant de la religion dans les coutumes de ces îles a peut-être un peu masqué aux yeux de quelques-uns certains côtés de l'existence hoëdicaise.

Le village est moins propre, plus misérable que le bourg d'Houat, s'il est plus étendu et peuplé ; certaines maisons sont des ruines, entourées de murs gris, à demi éboulés. L'intérieur fait oublier cependant cette impression première, les meubles sont rares, mais soigneusement frottés; dans beaucoup de demeures, des horloges aux couleurs éclatantes, aux cuivres d'un jaune mat, attirent le regard, c'est d'un goût douteux et les antiquaires n'iront guère reluquer cette partie de mobilier, mais ces couleurs mettent un peu de gaîté dans les pièces enfumées. Les hommes qui ne se détournaient même pas, si nous les croisions dans les ruelles, nous accueillent cordialement pour nous faire les honneurs du logis.

Le bourg est divisé en deux parties ; un hameau appelé le Paluden, plus triste encore que le quartier principal, s'étend dans la direction du port de la Croix. Ce côté est lugubre, l'île vue d'ici est un bien triste séjour, d'autant plus triste que la moisson est faite, les blés sont rentrés, les tiges des pommes de terre sont déjà fanées, les champs s'étendent ternes, sans vie. Au milieu, presque au sommet de l'île, vers l'est, se dresse le fût solitaire d'un haut menhir.

Sous les obliques rayons du soleil qui décline déjà à l'horizon, la pierre druidique, moussue, dorée par le couchant, prend une apparence tragique. Elle semble dominer encore, du haut de son antiquité mystérieuse, la petite terre d'où la religion qu'elle représentait s'est enfuie. Le chemin qui y conduit traverse une des quatre zones de cultures, c'est le champ du *Menhir*, tandis qu'à l'ouest du village c'est le champ du *Lano*, au nord-est le *Runio*, au sud-ouest le *pré des Pierres*. La récolte a disparu, mais sur les sillons une végétation assez abondante croît entre les chaumes. Les touffes vertes des fougères, les bouquets de bleuets, l'incarnat des coquelicots égaient le sol.

Le menhir est à 500 ou 600 mètres du village ; il se dresse à la jonction de sentiers se dirigeant vers l'ancien fort à l'extrême pointe est, l'ancien phare et le port de la Croix. De là, on domine toute l'île. La pierre a 4^m,10 de haut et 2^m,30 de largeur. Les premiers apôtres mirent une croix au sommet, la foudre l'abattit, il n'en reste plus que les crampons. D'autres croyants ont creusé une niche dans le bloc fruste et y ont placé une image de la Vierge, petite statuette de porcelaine peinte et dorée d'un étrange effet dans cette roche rude rongée par les mousses et les lichens.

Le menhir est encore dans les champs cultivés. Mais près de là commence la lande littorale ou les *Landiers*, séparée des champs par un mur de pierres sèches soigneusement entretenu et destiné à tenir à l'écart le bétail et les chevaux. Sur les parties abruptes de la côte, c'est-à-dire sur les falaises, d'autres murets empêchent les animaux de choir. Les landiers sont donc le pâturage commun de l'île. Dans ces terres couvertes d'une herbe courte et de fougères, à la pointe de Beg Lagatte, se trouvent les ruines de l'ancien fort détruit par les Anglais. Au sud est la tour trapue de l'ancien phare, sa maison blanche, son petit enclos. Pour établir la muraille d'enceinte on s'est appuyé sur un menhir haut de 3^m,50 et large de 2^m,60, mais très mince, 35 centimètres à peine. Il présente une particularité assez rare, on l'a percé au sommet de deux petits trous.

Au delà s'étend l'Océan sans limite, semé, aux approches de l'île, des dangereux récifs des Grands et des Petits Cardinaux ; sur l'un de ces rochers, Grangue Guez, on a érigé le nouveau phare.

Les landiers sont en ce moment remplis de bétail, chevaux et vaches, paissant l'herbe rase. Ces animaux sont nombreux, surtout aux abords de l'étang qui remplit une dépression près du port de la Croix, dans le sud de l'île. La verdure des joncs, puissante et sombre, donne à ce coin un caractère bien particulier. Près de là, entre la côte basse et une jetée assez longue (228 mètres), les barques d'Hoëdic sont toutes échouées, car la mer est basse encore. C'est le port de la Croix, abri précieux dans ces parages, malgré le ressac que les gros temps causent aux abords.

L'étang, dont le rôle est assez considérable pour avoir mérité un chapitre de la charte, les mâts des chaloupes échouées, les maisons pitoyables sous leur toit de chaume du hameau de Paluden sont dominées par les remparts du fort central qui vient d'être déclassé et dont on a fait un instant la demeure de l'instituteur. Moins vaste que celui d'Houat, cet ouvrage militaire est également entouré de fossés creusés dans le rocher et appelé à disparaître. Dès maintenant c'est une ruine lamentable, les habitants ont arraché les boiseries et les serrures.

Du haut des talus on découvre le port entier, sa jetée énorme édifiée en trois mois par les bras de la population, sans autre ingénieur que le curé, et l'étang ceint d'un mur de 2,500 mètres pour empêcher le bétail d'y pénétrer. Ces insulaires sont d'infatigables remueurs et entasseurs de pierres, ils semblent avoir hérité de leurs aïeux les Celtes leur culte du granit. C'est par une croix de pierre qu'ils ont signalé la construction de la jetée du port. La fontaine publique et le lavoir ont été préservés des souillures par un de ces murs cyclopéens.

Dans quelque temps, me dit-on, ce petit coin solitaire deviendra le théâtre d'une activité fébrile, ce sera le jour où les femmes et les enfants procéderont à l'allotissement des parcelles de l'étang et à la coupe des joncs, roseaux et autres plantes aquatiques qui serviront de fourrage pendant l'hiver.

Du fort, j'ai gagné le Paluden à travers champs et de là le bourg d'Houat où je retrouve mes compagnons. Les dames ont appris que les pruneaux sont la grande friandise pour le pays. Elles ont acheté à la cantine un sac de ces fruits secs et les distribuent aux enfants qui se bousculent pour le partage. Il y a progrès dans les goûts. M. Escard raconte, dans sa curieuse monographie d'Hoëdic, qu'à la distribution des prix on fait des heureux en distribuant aux enfants les plus sages des... feuilles d'oseille. Les sœurs et le curé sont les seuls à faire du jardinage et le feuillage acide de l'oseille paraissait jadis un régal délicat aux gamins hoëdicais.

Pendant que la distribution continue, nous allons au sémaphore envoyer des dépêches dont le nombre et la longueur resteront un souvenir vivant pour les gardiens de ce bureau peu chargé en temps ordinaire, puis je vais au four banal. Il est clos, depuis un mois on n'a pas cuit de pain dans l'île ! Les habitants en sont réduits à des galettes fort dures. C'est qu'on ne veut pas chauffer toutes les semaines, le combustible est trop rare et cher. Les plus fortunés ont la ressource de faire porter du pain du Palais par le bateau du facteur dont le passage a lieu tous les cinq jours.

Ni à Houat, ni à Hoëdic, je n'ai donc pu voir porter le pain au four banal, c'est jour de fête d'ailleurs. Je regrette de ne pouvoir assister à la cérémonie. Mais M. Escard nous l'a décrite en signalant le rôle énorme joué par le sort dans les mœurs d'Hoëdic. On a vu, à l'article 22 de la charte, que les habitants sont divisés en sections dont chacune, à tour de rôle, est tenue de chauffer le four et de présider à la cuisson. Le jour venu, chaque ménagère porte son pain à la fournière, le tourteau de pâte est « marqué d'un signe matériel qu'elle y fixe : dé, couteau, branche de genêt, coquillage, caillou, fragment de crustacé ; chaque corbeille est introduite dans la chambre où la flamme pétille ; les ménagères, rangées sur le pas de la porte, attendent : la fournière sort de nouveau et présente à l'une d'elles son mouchoir à fouiller ; l'objet retiré indique à quel rang aura lieu la cuisson de la première miche, puis de la seconde, etc. ; c'est dans le même ordre que la fournière prélèvera une poignée de pâte pour son office et ses peines ».

Ces désignations fatidiques sont encore employées pour le partage des héritages. La répartition des sillons rappelle les jeux d'enfants : un des héritiers se masque la vue, un autre touche un sillon et demande à qui il appartient, le premier donne un nom, désormais le sillon a son propriétaire. C'est simple et peu coûteux.

Ces mœurs innocentes ont séduit tous ceux qui se sont occupés d'Hoëdic, les ombres au tableau que j'ai rencontrées seront sans doute une déception pour eux comme elles l'ont été pour moi. Cependant il y a fort à glaner encore dans les usages particuliers de l'île et les amants du pittoresque retrouveront les coutumes dont M. Escard a fait une description si vivante. Ceux qui ne craindront pas d'affronter les fureurs de la mer bretonne pendant des jours noirs de novembre pourront, de la Toussaint à la Saint-Martin, assister au Fest-in-Hoh (fête de la Porcherie). A ce moment chaque maison tue son porc et invite tous les voisins à prendre part à un festin dont le porc fait tous les frais ; pendant ces deux semaines c'est une série d'agapes plantureuses dans tout le bourg. Les sœurs et le curé ont leur part, mais ce dernier doit répondre à la politesse en offrant une collation de vin, de café et de tartines.

Les mariages sont pour l'île une réjouissance générale, tout le monde y prend part. C'est une fête longtemps escomptée, car les fiançailles ont lieu de très bonne heure, avant le départ du jeune homme pour le service obligatoire dans la flotte de guerre ; au retour il doit entreprendre la pêche et faire partie d'un équipage avant d'entrer en ménage. Il a souvent 30 ans et la fiancée 25. Lorsque le futur a fait sa demande, quand il a été accueilli, l'usage veut qu'il donne deux pièces d'or à sa fiancée pour lui montrer ses qualités d'économie et de travail. Alors ont lieu les in-

vitations par quatre amies de la future épousée
Jadis le curé étant officier de l'état civil, le mariage civil avait lieu au presbytère, d'où la noce se rendait à l'église. Aujourd'hui c'est le maire élu ou son adjoint qui procède au mariage à la mairie et accompagne ensuite la noce à l'autel. Dans ce pauvre îlot il ne faudrait pas chercher les costumes éclatants du pays de Batz ou de la Cornouailles. Le mari a acheté un complet noir à Auray, au Croisic ou à Saint-Nazaire, la femme a mis un peu plus de coquetterie ; si elle est vêtue de noir, elle aussi, elle a placé un ruban blanc ou bleu à sa ceinture, sa coiffe s'est rehaussée de dentelle, elle a un tablier de soie et un fichu blanc brodé. L'église a prêté le cœur d'or emblématique qui appartient à la paroisse, il est suspendu sur sa poitrine. Le soir le bourg entier prend part à un banquet dont un veau et une barrique de vin venue de la cantine sont les pièces de résistance.

Naturellement, par suite de ces mariages toujours conclus dans l'île, tout le monde est parent ou à peu près, aussi les noms de famille ne sont-ils pas plus nombreux qu'à Houat, huit ou dix au plus. M. Escard a eu la curiosité de se faire traduire les noms bretons, la liste a un parfum de terroir rappelant les désignations patronymiques des tribus sauvages d'Amérique, il y a « le Roux, le Sage, le Tonnerre, le Bourgeois, le Longues-Oreilles, le Français, le Chef, le Délicat, les Petites lentes, les Pieds palmés ou Paludiers ».

Ce dernier nom indique sans doute les habitants primitifs des parties basses, marais ou palus de l'île : l'étang du sud, près du port, et l'étang du nord, petite plaine qui fut peut-être jadis le centre principal de la population de l'île. M. l'abbé Lavenot y a signalé des alignements de pierres détruits pour élever les innombrables murs de clôture qui empêchent le bétail de souiller les mares ou de pénétrer dans les champs et le cimetière. Près de ces alignements les débris de poterie, de verre, d'éclats de silex abondent. Cette plaine, appelée *Argol,* se termine vers la mer par une plage sablonneuse bordant un port naturel où les flottilles anglaises ont souvent stationné, au moment de l'expédition de Quiberon surtout. Cette partie du rivage s'appelle encore le cimetière des Anglais.

Dans l'Argol vont se perdre les eaux douces de l'île, nées dans la fontaine sous l'église, qui alimente le lavoir public. Les bords de la plaine servent parfois d'entrepôt au varech arraché à la lame ou recueilli sur la plage et transformé en engrais lorsqu'il n'est pas incinéré pour la préparation des cendres destinées aux usines de produits chimiques du continent. La récolte des algues se fait d'ailleurs sur tout le pourtour de l'île.

Le sémaphore domine l'Argol. Là, jadis, étaient allumés les trois feux répondant aux feux du pays de Rhuys signalant qu'un passager voulait se rendre dans l'île. Le télégraphe et les signaux sémaphoriques ont remplacé ce mode de communication, en même temps qu'ils ont donné aux insulaires le moyen d'annoncer au dehors les résultats de la pêche. Southampton, je l'ai dit à propos d'Houat, est le débouché le plus important pour les homards et les langoustes des îles ; ces crustacés ne sont pas transportés en Angleterre par les bateaux insulaires, les propriétaires de viviers britanniques les envoient prendre par des bateaux réservoirs. On comprend quels services le télégraphe peut rendre au jour d'une pêche abondante. Quant aux autres produits de la mer, le débouché naturel est la poissonnerie du Croisic.

La nuit descend, le patron du *Gouézel* nous fait signe de nous hâter, il faut reprendre le chemin de notre anse de Lœr-er-hoh-Castel; cependant il me reste à visiter un coin de l'île, la côte ouest, ou Portguen, là se dresse le moulin banal, un pauvre moulin à qui le vent ne manque jamais sur ces côtes orageuses, mais à qui fait souvent défaut le grain à moudre ; les champs de l'île, 70 hectares — sur 217 de surface totale — dont à peine la moitié cultivés en froment, ne sauraient fournir du grain pour plus de deux mois. Si l'état de la mer n'a pas permis d'aller acheter du blé à Auray, le moulin doit conserver ses ailes immobiles.

Mes compagnons, suivis de toutes les femmes et de tous les enfants de l'île, sont arrivés à l'anse ; j'aurais voulu rester encore près de ce moulin solitaire, dans ce « landier » d'une tristesse si poignante à ces approches du crépuscule, mais il faut retourner à bord du *Gouëzel* qui gonfle déjà ses voiles.

Le canot le rejoint pendant que les enfants nous crient au revoir et nous demandent des sous. Mes dernières pièces de billon passent dans leurs mains. Cette petite scène de mendicité nous amuse mais elle nous enlèverait un peu de nos illusions, si nous n'avions pour nous consoler l'idée que ces petits et gros sous iront à la communauté en accroissant les recettes de la cantine où l'on vend de si bons pruneaux. Ainsi, même par la gourmandise, sera respectée la charte de la communauté d'Hoëdic : « Fondé sur les vrais intérêts de ceux pour qui il est fait, ce règlement maintient la paix parmi tous les membres ; il protège les faibles contre les forts et rend à tous une égale justice ; il encourage les bons et intimide les méchants, donne aux efforts de chacun une direction plus stable, plus constante, fait tout concourir au bien général qui est le premier qu'il faut s'efforcer d'atteindre, parce que de là dépend la prospérité matérielle de chacun, et qu'il n'y a rien de plus opposé au bon ordre et à l'intérêt commun, de plus funeste et de plus odieux que la recherche exclusive de son intérêt privé. »

Ainsi s'exprime le préambule de la charte dont on a lu le texte au précédent chapitre.

Le vent gonfle les voiles de la goëlette, l'ancre a dérapé, le patron a donné un tour de roue au gouvernail, notre chaloupe se dirige vers la Trinité-sur-Mer. Le vent, favorable ce matin, a appuyé encore au nord-est ; la traversée menace d'être longue, mais la journée est si belle, le ciel si pur que, malgré l'agitation du flot qui fait rouler le *Gouëzel*, tout fait prévoir une nuit merveilleuse.

Le crépuscule descend bientôt, alors c'est une chose féerique : devant nous Houat apparaît, dans une splendeur de lumière blanche et rayonnante. Le grand Mulan semble baigné dans des reflets polaires, l'ouverture qui le creuse, le *trou du Diable*, semble un œil ouvert sur les mystères de la terre celtique. Derrière nous Hoëdic à laquelle les obliques rayons du couchant font une auréole apparaît tout entière, violette, couronnée par la masse blanche du sémaphore.

Et cela devient une apothéose. La mer est d'un bleu doux adorable, dont les écueils verts et roux font mieux ressortir les exquises dégradations de teintes. La houle large, majestueuse, va briser sur des hauts fonds ; le soleil pâlit encore, il lance sur les flots des rayons assoupis, bientôt son disque a disparu à l'horizon, il y a quelques instants de lueur blanche, tout semble s'endormir. Autour de notre bateau une bande de marsouins qui nous suit depuis Hoëdic disparaît.

Alors s'allument à la fois les étoiles dans le ciel et les phares sur les îles, les péninsules et les écueils. Les feux d'Houat, de Belle-Ile, de Quiberon, de Port-Navalo, d'Etel, de la Teignouse, du Four, d'autres encore viennent montrer la route au pilote. Nous allons sur les deux feux qui annoncent l'entrée de la rivière de la Trinité. Le vent souffle de plus en plus contraire, nous devrions arriver à 8 heures, il sera près de minuit quand nous atterrirons. Mais par cette étincelante nuit, malgré les lames devenues courtes et dures aux approches du continent, la traversée paraît rapide.

Nous avons enfin aperçu, *l'un par l'autre*, les deux phares de la Trinité, nous pénétrons dans un large estuaire aux eaux tranquilles où courent des voiles de pêcheurs se rendant au large, le canot nous emmène dans un gros bourg endormi, aux maisons blanches, c'est la Trinité d'où nous regagnons Carnac à travers une fantastique campagne de petites collines, de marais salants, de tumulus et de monuments celtiques. O les splendides nuits que les nuits claires et douces de l'été breton !

IV

LE MORBIHAN ET LA PRESQU'ILE DE RHUYS

La Nice de la Bretagne. — A travers le pays de Rhuys. — Sarzeau. — Le château de Sucinio. — Saint-Gildas de Rhuys. — Souvenirs d'Abailard. — Tumulus de Tumiac. — Port Navalo. — La complainte d'Arzon.

La Trinité-sur-Mer, août 1894.

Je reviens visiter le Morbihan par les belles journées d'un août doux et clair. Il y a quatre ans

LE MORBIHAN

D'après la carte de l'état-major au $\frac{1}{520,000}$.

j'avais été arrêté près d'ici, à Port-Navalo, par un hiver terrible ; mon voyage, qui devait être consacré à la Bretagne, était impossible. La neige allait bientôt couvrir le pays, la glace cachait les ruisseaux, il me fallut rentrer à Paris, ayant à peine entrevu cette petite mer bretonne que je voulais parcourir. Je retrouve dans mes notes un chapitre écrit à cette date du 12 décembre 1890. Je reproduis ces lignes ici ; par le contraste, elles feront mieux comprendre la splendeur estivale de l'archipel que je vis alors perdu dans les brumes.

« *Sarzeau, novembre.* — Ce matin, à Redon, il faisait un froid noir. Le ciel bas laissait tomber du givre. Malgré le courant, la Vilaine voyait former des glaçons sur ses bords. Devant ce lugubre tableau, il m'est soudain revenu à la pensée une de ces phrases frappées en médailles, lues on ne sait où, et qui se gravent dans la pensée : « La pres- « qu'île de Rhuys est la Nice de la « Bretagne ».

« Parbleu ! je n'y songeais plus ! Il y a en effet un coin de terre bretonne dont on fait un Éden, où les gelées sont inconnues, où croissent à l'envi les plantes d'Afrique. L'occasion est excellente pour échapper à l'hiver et me reposer à l'ombre des fuchsias, car ces plantes, dit un écrivain breton, « ont ici les dimensions d'un arbre ».

« Et je suis aussitôt parti ; de Redon, en une heure, on est à Vannes. Combien je m'applaudissais de ma résolution ! Plus le train entrait dans les tristes landes qui font cortège à la haute lande de Lanvaux et plus le froid se faisait vif, on eût dit qu'il avait neigé, tant les genêts et les bruyères, les ajoncs et les fougères étaient revêtus de givre. Les pins, qui ont depuis quelques années enlevé à la lande un peu de son âpre monotonie, étaient eux aussi poudrés à blanc. Rien de plus morne que cette terre sans maisons, sans villages, car le chemin de fer se tient loin des lieux habités, loin de Questembert, loin d'Elven aux tours romantiques qu'Octave Feuillet rendit illustres. Bien rarement une masure de granit gris recouverte de chaume se montre un instant. Sans les maisons de garde-barrière, sans les gares, fort gaies avec leur parement de pierres blanches et de briques roses qui rappellent la Touraine, le pays semblerait désert.

« Le givre se fait de plus en plus épais, mais tout à coup on quitte le plateau et ses landes pour entrer dans un étroit vallon où coule un ruisseau rapide et clair ; dans l'étroite gorge où le train roule à toute vitesse, le givre diminue, on tourne au sud et la verdure apparaît ; de petites prairies au milieu desquelles la rivière sinue s'étendent. Nous approchons de Vannes. Est-ce que Vannes aussi serait une Nice bretonne ?

« Au sortir de la gare, il faut déchanter. Le froid est vif, presque autant qu'à Redon. Il n'y a pas de givre, mais dans les ruisseaux la glace est épaisse. Dans les fossés des remparts, où les habitants n'ont pas craint de planter des arbres du Midi, même des eucalyptus, les feuilles pendent lamentablement, le port a des glaçons sur ses eaux calmes.

« Malgré ces présages funestes, j'ai voulu traverser le pays de Rhuys dans le coupé du courrier; une fois en vue de la mer, me disais-je, nous aurons une température clémente. Hélas! plus nous allons, plus le froid devient dur. Sur la jetée du pittoresque étang de Noyalo, dont les eaux, avant de tomber de la digue dans le golfe, font tourner la roue d'un moulin, le vent d'Est souffle et mord avec furie. A chaque village, les paysans bretons descendent de la voiture et vont boire de l'alcool teinté honoré du nom d'eau-de-vie, ou de l'alcool blanc baptisé du nom de vulnéraire. Et le siège et le coupé ne cessent d'être empoisonnés d'odieuses vapeurs alcooliques.

« Enfin voici le Morbihan. La mer est basse, les îles, mamelons de granit, surgissent au milieu d'immenses bancs de vase entre lesquels les courants apparaissent. Mais le temps est gris, ce tableau, qui doit être magnifique au soleil, est empreint aujourd'hui d'une tristesse profonde. Le froid est toujours vif ; cependant voici au delà de Saint-Colombier, autour du château de Kerlévénant dont la façade a si noble ordonnance, quelques arbustes verts. Ce sont sans doute des camélias? Non, ce sont des lauriers-tins. — Nous en avons à Paris.

« Enfin voici Sarzeau, un gros bourg tranquille. Il a vu naître Le Sage. L'auteur de *Gil Blas* est une des gloires de la ville. Mais qu'il y fait froid! malgré deux ou trois chênes verts, énormes, plantés aux abords de la ville.

« Décidément Nice est une expression bien ambitieuse pour cette capitale du pays de Rhuys. Peut-être faut-il aller plus loin, sur le versant de l'Atlantique, pour trouver les chaudes effluves du Gulf-Stream. Je me suis mis aussitôt en route, prenant pour direction la rade où aboutit la rivière de Pénerf, large estuaire aux profondes et multiples indentations.

« Route triste. Des chênes dépouillés, des buissons d'ajoncs et de houx, des guérets enfermés entre de hauts parapets de terre. De distance en distance des croix de granit érigées par la piété des ancêtres et qui, sapées à la base, menacent de tomber. Les habitants passent devant elles avec indifférence. Quoi, c'est là ce peuple breton qu'on dit si fidèle aux vieilles traditions ! Mais dans la France latine de la vallée du Rhône où l'on se pique moins de croyance, ces croix sont entretenues et les paysannes ne passeraient pas devant elles sans se signer.

« Au loin, sur un mamelon, surgit un étrange édifice qui, dans l'air gris, a un aspect formidable et fantastique. De hautes tours découronnées, des remparts énormes se détachent sur le ciel comme un de ces châteaux fantômes évoqués par la rêverie germanique. C'est Sucinio, une des plus fières ruines féodales de la Bretagne.

« Ruine absolument vide, aucune des tours n'a conservé d'escalier, on a enlevé jusqu'à la dernière dalle. Mais les murs de granit ont une telle épaisseur que, longtemps encore, la vieille forteresse, dont le dernier rôle militaire remonte à 1795 seulement, bravera les vents de la mer.

« Au pied des ruines, de misérables hameaux bordent des marais salants. Ceux-ci, malgré le Gulf-Stream et la réputation du pays, sont couverts de glace. Au delà, une grève fortement inclinée, où la mer gronde. Le froid est tel que la plage est gelée à mesure que le flot se retire.

« La mer, en rejetant sans cesse les sables et les galets, a formé une véritable digue derrière laquelle s'amassent les eaux des fontaines, et qui sert à étaler le varech recueilli sur la plage. Le site est empreint d'une tristesse profonde, malgré les courbes gracieuses de la côte, infléchie en deux grandes anses qui se joignent au pied des rochers de Beg Lane.

« A Roaliguen, misérable village, une route se détache de la rive pour gagner Sarzeau. Elle est bordée de vignes aux sarments rougeâtres. Ces vignobles, dont les Morbihannais ne sont pas médiocrement fiers, auraient-ils fait naître la légende de la Nice bretonne? On peut le croire, en dehors des ceps, je n'ai pas trouvé de plantes méridionales sur le chemin.

« Il paraît que Saint-Gildas-de-Rhuys serait l'Éden annoncé. J'irai demain à Saint-Gildas.

« *Port-Navalo*. — Tout à l'heure, au moment où j'allais quitter Sarzeau, j'ai trouvé dans le magasin annexé à l'hôtel — car l'hôtelier est ici le pourvoyeur général de la presqu'île — une bonne femme faisant ses emplettes. Afin de la pousser aux achats, on lui demandait avec un vif intérêt des nouvelles de son bétail. Il paraît que vaches et génisses avaient été malades, mais la guérison allait venir. Le sorcier, moyennant 10 fr., une pistole, avait donné une formule magique. Je l'ai transcrite à l'usage des lecteurs qui pourraient avoir des épidémies dans leur cheptel. Il suffit de répéter quatre fois les chiffres suivants : 13, 12, 11, 10, 9 et d'ajouter le mot Proserpine. La bonne femme trouvait qu'une pistole ce n'était pas trop cher pour un tel secret.

« On comprend ces superstitions en parcourant le pays. Les routes sont assez nombreuses, mais elles évitent les hameaux. Ceux-ci, composés généralement de cinq à six maisons de granit, sombres, percées de rares ouvertures, bordent des chemins creux, véritables fondrières où l'on ne se hasarde pas sans crainte. En dépit de sa réputation, la presqu'île est peu boisée; même sur la route de la pointe de Saint-Jacques que je suivais, on ne rencontre que de rares buissons. Les hameaux sont généralement bâtis près d'une dépression où sourd une source soigneusement entourée de murs et recouverte d'un toit. Nulle autre part en France l'eau n'est l'objet d'un tel culte. Les antiques fontaines ont souvent des statuettes de saints et de saintes, thaumaturges bretons aux vocables pittoresques. D'ailleurs tous les noms, ici, nous annoncent la Bretagne, bien que le langage soit le français. Chaque village, chaque hameau, chaque ferme isolée est précédée de la syllabe Ker. Sur la route, voici Kerblay, Kerguilnic, Kerfontaine et, au bord de la baie de Saint-Jacques, au milieu des vignes, Kerbado. Le chemin se termine par une jetée abritant un petit port vaseux. Un bateau échoué contre la jetée charge des fûts de vins surveillés par des douaniers. Ces vins vont aller dans les Charentes pour se transformer en cognac, ou, dans les grands ports, pour couper des vins d'Espagne et donner des bordeaux.

« La côte est lugubre. Les roches sont basses, les grèves formées d'un sable très grossier, rond et de la dimension d'un pois; la marche y est pénible, sauf là où la gelée a durci la plage. Le site serait morose, malgré l'immense étendue de mer, sans la silhouette des îles d'Houat et d'Hoëdic qu'on aperçoit au loin. Un sentier longe la côte, bordé d'un talus de varech destiné à servir d'engrais, car la mer est ici la grande collaboratrice du cultivateur. Cependant on n'a pas perdu pour cela l'habitude de remplir les rues des villages de détritus, de paille, de brins d'ajoncs qui, devant pourrir au milieu des eaux ménagères, deviendront du fumier. Aussi les hameaux sont-ils des sentines; la traversée de l'un d'eux, Kercambre, laisse un nauséabond souvenir.

« Pour tous ces hameaux, Saint-Gildas-de-Rhuys est la capitale. Humble capitale où le touriste, en cette saison, trouve difficilement à déjeuner. Heureux si l'on arrive à l'heure de la soupe aux choux et au lard et si l'on ne craint pas le vin acerbe de la presqu'île, car les auberges les plus fréquentées n'ont pas autre chose. Dans la salle aux cloisons de bois où j'ai déjeuné d'une soupe aux choux en compagnie du facteur, un âne et une vache passaient la tête par une lucarne. L'écurie donne sur la salle à manger.

« Et pourtant Saint-Gildas cherche à se transformer en station balnéaire ; déjà quelques villas s'élèvent, un vaste couvent est même devenu une sorte d'hôtel, les religieuses y reçoivent les baigneurs comme pensionnaires.

« Des religieuses maîtresses d'hôtel à Saint-Gildas, dans cette abbaye fameuse où Abailard vint se réfugier et dont il fut élu abbé ! Pendant quinze années il s'efforça d'assouplir à la règle les sauvages moines de ce coin de basse Bretagne. Il ne réussit qu'à se les aliéner ; ses moines tentèrent de l'empoisonner puis de l'assassiner. De là il écrivait à Héloïse des lettres demeurées célèbres ; dans l'une d'elles, il fait un sombre tableau de son abbaye et de ses habitants :

J'habite un pays barbare situé à l'extrémité des terres, sur le bord des ondes de l'Océan. Je n'ai de commerce qu'avec des peuples féroces et turbulents, dont la langue m'est inconnue et en horreur. Mes promenades sont les bords inaccessibles d'une mer agitée. Mes moines, déréglés et indomptables, n'ont d'autre règle que de n'en point avoir. Je voudrais que vous vissiez ma maison, vous ne la prendriez jamais pour une abbaye. Les portes ne sont ornées que de pieds de biche, de loups, d'ours, de sangliers, des dépouilles hideuses des hiboux. J'éprouve chaque jour de nouveaux périls ; je crois à tout moment voir sur ma tête un glaive suspendu.

« Malgré toute sa volonté, Abailard eut le dessous dans cette lutte ; en 1140, voyant sa vie en danger, il prit la fuite et réussit à s'embarquer sur la côte. Il ne devait plus revoir la Bretagne.

« De ses constructions primitives, l'abbaye d'Abailard n'a guère laissé que la muraille percée d'une porte, par laquelle le grand philosophe chrétien dut s'enfuir. Cette porte est dans le jardin du couvent, où des chênes verts superbes, des myrtes, des lauriers-tins expliquent la célébrité du climat de Rhuys ; mais, en cet hiver terrible, tout cela prend des airs lamentables.

« L'église de Saint-Gildas a conservé quelques débris de l'époque romane ; sous ces voûtes basses, au pied de ces chapiteaux bizarres, Abailard a plus d'une fois écouté ses rêves orageux. La vieille église abrite les tombes et les reliques de saints célèbres en Bretagne : tels saint Gildas, saint Gingurien et saint Gunstan. Cette pointe extrême du littoral, le Grand-Mont, en vue des îles et de l'embouchure de la Loire, est d'ailleurs remplie de souvenirs merveilleux; sur le rivage même, entre les hautes roches de la falaise, est la fontaine de saint Gildas; non loin de là, un rocher porte l'empreinte du sabot du cheval qui transporta d'un bond le thaumaturge dans l'île d'Houat. On sait que le diable voulut se lancer à sa poursuite, mais qu'il alla tomber sur le Grand-Mulon, où son pied troua l'écueil.

« Malgré le froid d'une rigueur extrême, j'ai tenu à achever ma course dans la presqu'île. Je suis monté sur le tumulus de Tumiac, éventré par les fouilles archéologiques qui avaient mis à jour une grotte sépulcrale analogue à celle de Gavr'inis; elle est aujourd'hui enfouie. L'archéologie est en deuil, les amis du pittoresque sont dans la joie, car on a conservé l'énorme mamelon dominant de 20 mètres la presqu'île, de 60 mètres la nappe houleuse de l'Océan et les eaux plus calmes de la petite mer intérieure. Le vaste Océan est bien beau avec le collier d'îles qui en surgit, mais combien plus beau encore est le Morbihan! C'est un dédale de bras de mer, d'îles vastes et boisées, d'îlots et d'écueils aussi nombreux, disent les gens du pays, que les jours dans l'année. La plus vaste de ces îles, l'île aux Moines, allonge entre les flots bleus une mince colline couverte de villages. Est-ce un golfe, est-ce un lac, est-ce un fleuve d'Amérique, que ce vaste espace où de grandes grèves s'étalent à mer basse, où le flot court avec rapidité à l'heure de la marée? C'est tout cela à la fois, ce doit être superbe, vu d'ici pendant les belles journées d'été.

« En ce moment le froid est trop vif pour qu'on puisse longtemps admirer; en route donc pour Arzon et Port-Navalo, qui gardent l'entrée de la petite mer, beaux villages aux jardins remplis de figuiers énormes.

« Le port est en ce moment rempli par les barques de pêche à qui le froid trop vif a empêché de prendre la mer. Je trouve leurs marins dans les cabarets, se chauffant à la cheminée où brûlent de maigres feux d'ajoncs. Une odeur d'eau-de-vie empeste les salles; l'alcool joue ici un rôle trop grand, hommes et femmes en boivent sans cesse, au grand détriment de la race, cette forte race arzonnaise qui donna à Jean Bart 42 marins volontaires en 1673 pour la guerre contre la Hollande. Dans un des combats livrés à Ruyter par le grand corsaire, où les pertes furent vives, les Arzonnais demandèrent la protection de sainte Anne, pas un seul Arzonnais succomba. Depuis ce temps, les pêcheurs d'Arzon et de Port-Navalo vont chaque année à Sainte-Anne accomplir le vœu de leurs aïeux. Leur flottille aux voiles rouges, portant les femmes et les enfants, remonte la pittoresque rivière vers la fin de décembre ; tous vont au sanctuaire de sainte Anne chanter en breton le cantique spirituel dont voici une traduction française :

> Sainte mère de Marie,
> Par un miraculeux sort,
> Vous nous conservez la vie
> Dans les dangers de la mort.
>
> Avec actions de grâce
> Nous venons en ce saint lieu
> Honorer en cette place
> La sainte aïeule de Dieu.
> Sainte mère de Marie, etc.
>
> Nous avons été de bande
> Quarante et deux Arzounois
> A la guerre de Hollande
> Pour le plus grand de nos rois.
>
> Ce peuple de notre côte
> Vint ici à grand concours,
> Les fêtes de Pentecôte,
> Implorer votre secours,
>
> Pendant que l'ordre nous mande
> Qu'il nous fallait faire état
> De voguer vers la Hollande
> Pour leur livrer le combat.

Ce fut de juin le septième
Mil cent septante et trois
Que le combat fut extrême
De nous et des Hollandois.

Les boulets comme la grêle
Passaient parmi nos vaisseaux
Brisant mâts, cordages, voiles,
Et mettant tout en lambeaux.

La merveille est toute sûre
Que pas un homme d'Arzon
Ne reçut la moindre injure
De mousquet, ni de canon.

Un d'Arzon changeant de place,
Un boulet vint à passer,
Brisant de celui la face
Qui venait de s'y placer.

L'Arzonnois la sauvant belle,
Eut l'épaule et les deux yeux
Tout couverts de la cervelle
De ce pauvre malheureux.

De Jésus la sainte aïeule,
Par un bienfait singulier,
Nous connaissons que vous seule
Nous gardiez en ce danger.

Par humble reconnaissance,
Nous fléchissons les genoux,
Adorons votre puissance
Qui a paru envers nous.

Recevez toutes nos classes [1]
Pour tout le temps à venir.
Sous l'asile de vos grâces
Nul ne pourra mal finir.
Sainte mère de Marie, etc.

« Je voudrais être ici encore lorsque se fera le pèlerinage de cette année et remonter la rivière sur un bateau d'Arzon, mais l'hiver s'annonce si terrible que je devrai abandonner mon projet. »

Cette crainte était fondée, on sait ce que fut l'hiver de 1890-1891 ; il me fallut alors interrompre ce voyage. Je le reprends aujourd'hui.

---

1. Les *classes*, c'est-à-dire les catégories d'inscrits maritimes à appeler au service.

V

L'ÎLE AUX MOINES

La Trinité-sur-Mer. — Ile de Méaban. — Entrée de Port-Navalo. — Arzon. — Ile de Berder. — Ile de la Jument. — L'ile Douien. — Ile Creïzic. — Ile Goveau. — Ile Brannec. Ile Stibiden. — A travers l'île aux Moines; les paysages et la population. — Ile Spiro. — Ile d'Irus. — De l'île aux Moines à Vannes.

Vannes, août 1891.

La *Marie* est un élégant cotre de neuf tonneaux sur lequel m'a reçu M. Lion, sous-préfet de Pontivy. Elle avait armé ce matin pour nous conduire à Auray par la rivière, estuaire aux rives verdoyantes et sinueuses, une des beautés de la Bretagne. Mais le vent qui nous avait si longtemps retenus entre Hoëdic et la Trinité souffle encore du nord; la remonte étant impossible, nous gagnerons le Morbihan pour visiter Gavr'inis et l'île aux Moines.

Les deux marins de la *Marie* ne sont pas sans appréhension, le vent arrive par rafales et semble menacer de grains, mais comme il nous pousse dans la direction de Port-Navalo, les mâts sont plantés, les voiles déployées et nous voici en route dans la jolie rivière de la Trinité. L'estuaire forme ici une petite baie bien fermée, tranquille comme un lac, bordée d'un quai sur lequel s'élèvent de grandes maisons blanches et la grande masse de la poissonnerie, assez morne en ce moment, mais fort vivante à l'époque de la pêche des huîtres, très abondantes ici. Au delà du village se dressent de petites falaises verdoyantes sur lesquelles ont été construites des villas d'aspect solide et sérieux, grâce aux larges pierres de granit de leurs murailles. Le paysage serait sévère si, au fond de l'estuaire, de grands arbres et d'élégants chalets ne mettaient un peu de gaîté.

La *Marie* est passée aux pieds des falaises, elle glisse maintenant entre des terres basses et désolées de la presqu'île de Kerbihan et de la péninsule de Kergadoret. Sur la première, l'extrême pointe est couverte par un corps de garde, construction grise à pignons à laquelle s'adosse une tourelle carrée coiffée d'un dôme. En face, sur l'autre presqu'île, la batterie de Kernevest menace de ses canons l'entrée de la rivière. Sur la colline sont les deux phares qui nous ont guidés hier sur cette côte déchiquetée. Soudain s'ouvre l'immense baie, fermée par la longue presqu'île de Quiberon ; toute la côte se distingue avec une netteté extrême; les dunes, les villages, les petites collines s'alignent en une courbe heureuse de Carnac à Port-Haliguen. La masse régulière du fort Penthièvre, gardant l'isthme artificiel qui relie l'île de Quiberon au pays de Plouharnel, domine tout le paysage. A notre droite, c'est la côte basse de Carnac, ses petites dunes et ses marais salants, sur lesquels plane majestueusement le mont de la Trinité et sa chapelle. En face de nous les rochers de la Teignouse et leurs phares blancs, la chaussée de Béniguet sur laquelle la mer s'élance, puis, confusément estompées par les vapeurs, Belle-Isle, Houat et Hoëdic.

Nous avons d'abord le cap sur Houat; la côte est tellement semée d'écueils qu'il faut se tenir au loin pour pénétrer dans le Morbihan. Des roches hargneuses, appelées les buissons de Méaban, nous obligent à décrire ce grand détour. Les courants sont violents ici, on les devine à d'inquiétants clapotis et à de longues traînées d'algues.

Derrière nous, le ciel s'est soudain couvert, des nuées livides courent dans le ciel, une rafale sévit en ce moment sur le continent; des bouffées de vent nous arrivent et obligent le patron et son matelot à prendre des ris, cette manœuvre fait ouvrir les grands yeux à mon fils Pierre qui s'attendait à un déjeuner dont le riz serait le plat de résistance. Malgré cette précaution, le vent, augmentant bientôt, nous pousse rapidement jusqu'à des masses noirâtres surmontées de balises. Ce sont les Buissons de Méaban. Malgré la mer violente sans cesse agitée au-dessus de ces roches, les passages entre les écueils sont suivis par un grand nombre de barques de pêche venant du Morbihan et des rivières de Crac'h ou de la Trinité. La faune doit être abondante sur les hauts fonds tapissés de varechs et de goëmons. Un seul de ces rochers émerge sans cesse, c'est l'île de Méaban, longue de 200 ou 300 mètres, dressée en pyramide verdoyante. Nous passons à raser cet îlot désert mais couvert de verdure, puis près de l'écueil de Bagenhir, couronné par une tourelle noire. Devant nous s'ouvre le détroit qui relie le Morbihan à l'Océan. Voici, sur la pointe de Port-Navalo, l'ancien phare ; plus haut sur la colline, le fût blanc du nouveau phare appelé à le remplacer bientôt. Un mille et demi à peine nous séparent du port.

M. Lion me disait :

— Nous avons donc enfin passé ces fameux Méaban, ils ne sont pas si méchants qu'on veut bien le croire !

Au même instant le ciel se couvre, une effrayante rafale arrive sur nous du nord-est ; la mer, subitement gonflée, fait danser la *Marie* de façon inquiétante ; celle-ci se penche sur tribord sous la poussée des voiles. Nous nous jetons tous aux mâts ; en quelques secondes qui nous ont paru longues, les voiles sont abattues et servent d'abri à Pierre. La grêle et la pluie tombent en effet à torrents ; en peu d'instants il y a dix centimètres de grêlons énormes, au fond du bateau, leur chute sur la peau produit une impression douloureuse. Le vent redouble, d'autant plus violent qu'il doit lutter avec les courants sortis de la petite mer. Un instant nous nous demandons s'il ne vaut pas mieux virer de bord et prendre chasse devant la bourrasque pour aller nous réfugier à Belle-Isle. Cependant le vent tournait légèrement au nord-ouest, en tirant quelques bordées on pouvait peut-être atteindre encore Port-Navalo. M. Lion voulut tenter l'aventure. Après une demi-heure d'efforts nous atteignions enfin le musoir de la jetée. Chance inattendue, l'eau était encore assez haute pour la *Marie*, à l'abri du petit môle. Des pêcheurs nous embarquent dans un canot encombré de casiers à homards et nous conduisent à l'escalier du débarcadère.

Ironie de la mer ! à peine avions-nous le pied

sur la jetée, le vent s'apaisait et un clair soleil venait éclairer les maisons entourées de figuiers et d'arbustes verts de Port-Navalo. La *Marie* repose maintenant mollement sur son ancre. Dans le détroit le courant passe rapide, formant de petites vagues sur lesquelles le soleil met des flèches d'or.

Il est charmant ainsi ce petit coin de la vieille Armorique ; le port, rempli de barques de pêche, animé par quelques embarcations de plaisance venues de Vannes, s'arrondit au-dessous de petites collines où les lauriers et les figuiers entourent les maisons et bordent les allées des jardins ; de grands géraniums, des fuchsias, des lauriers-tins relèvent par leur floraison ce feuillage un peu métallique. Du sommet de la colline apparaît le Morbihan semé d'îles et sillonné de voiles rousses.

Après déjeuner nous sommes partis pour l'île aux Moines ; le chemin passe entre des sentiers bordés de hauts talus revêtus d'ajoncs, ces jalouses clôtures bretonnes qui donnent tant de sauvagerie à la campagne armoricaine. Ce chemin, en montant, ouvre de riants aperçus sur la mer et le pays de Rhuys ; un instant on découvre la jolie baie du Crouesty, ouverte sur la mer par un goulet étranglé, où reposent en ce moment sur le sable les bateaux d'Arzon. Au-dessus de la baie une pittoresque péninsule, le Petit-Mont, plonge ses falaises dans une mer d'un bleu profond. Les maisons du bourg d'Arzon cachent bientôt l'Océan, ses baies, ses promontoires et la longue plage courbe au delà de laquelle apparaît Saint-Gildas. La rue d'Arzon est large et propre ; du carrefour central des chemins, bordés de hameaux, conduisent aux huit ou dix petites baies qui échancrent si profondément cette entrée du Morbihan[1]. Beaucoup de ces sentiers furent jadis des voies romaines, les criques du voisinage ont servi d'abri aux flottes vénètes d'abord, puis à la flotte de César après la destruction des navires bretons. Beaucoup d'archéologues placent ici, entre Méaban et Port-Navalo, le théâtre d'une des plus grandes batailles de l'antiquité. M. Ledivellec, qui a écrit sur la presqu'île de Rhuys une intéressante brochure et revendique patriotiquement l'entrée du Morbihan pour théâtre de la bataille, donne comme preuve le nom de Méaban, qui viendrait de *meare*, circuler. C'est évidemment triomphal et le Croisic n'a qu'à bien se tenir.

Le plus important de ces chemins, bien tracé, bien entretenu, court au sein de jolies campagnes

---

1. Voir chapitre VII la carte de l'Ile de Gavr'inis.

pour décrire un grand circuit, barrer par une chaussée l'anse de Pen-Castel et en faire un de ces curieux étangs maritimes alimentés par le flot montant, dont le déversoir fait mouvoir un moulin. Nous le suivons un instant, entre de petits mamelons où des moulins à vent ne cessent de tourner, malgré la concurrence hydraulique du moulin de Pen-Castel. Brusquement le chemin descend vers le gros hameau de Kerner bâti au-dessus d'une belle anse arrondie que ferment deux péninsules étroites. L'une sauvage, couverte d'ajoncs et de broussailles, se profile comme une épée dans l'eau bleue, c'est la pointe de Saint-Nicolas où se voient encore les débris d'un couvent célèbre ; l'autre, plus massive, mamelonnée, couverte de vignes et de cultures, est longée par un chemin assez fréquenté conduisant à une petite jetée en pente, près de laquelle des bateaux sont amarrés. C'est le port de Kerner, point de passage pour l'île aux Moines.

Pendant que le passeur quitte sa pêche pour venir nous chercher, je puis admirer ce coin du Morbihan. C'est un site inoubliable. Devant nous s'allonge, étroite arête aux pentes mamelonnées, couverte d'arbres, de hameaux, de moulins, la vaste île aux Moines, perle du golfe, finissant au

Échelle au $\frac{1}{80,000}$.

sud par le promontoire sévère d'En-Ioul, projeté en face de la pointe de Saint-Nicolas dont un détroit de 400 mètres à peine le sépare. Par ce goulet étroit, la mer montante passe avec une rapidité vertigineuse.

L'eau est d'une belle transparence, malgré la violence du courant ; celui-ci produit un instant une sorte d'hallucination ; on croirait voir voguer les innombrables îles et îlots qui couvrent le Morbihan entre l'île aux Moines et le goulet de Port-Navalo : la Jument, Deuten, Berder, Gavr'inis, le Creizic, combien encore !

Le passeur nous arrache à ce spectacle, mais d'autres merveilles nous attendent. La traversée de ce détroit orageux est, par ce beau temps, un merveilleux spectacle tant l'eau est limpide, tant sont brusques les transformations du paysage par les échappées ouvertes entre les îles.

La barque a quitté le rivage de Kerner ; dans l'anse se mirent les maisons grises de Kérégan ; en quelques coups de rame nous doublons la pointe et nous voici dans un large bassin où les courants venant du large se heurtent, s'entrechoquent, se divisent pour passer entre les chenaux creusés entre les îles et les écueils. Toute une ceinture de petites terres ferment la petite rade ; voici Berder qui eut son heure de célébrité dans une retentissante aventure politique[1]. Elle est charmante avec ses bois verts, son petit château et sa chapelle. Un bras de mer où le courant est terrible la sépare de l'île de la Jument, plus sauvage, longue de près d'un kilomètre[2]. Une maison blanche servant d'habitation à un gardien de parc à huîtres, la maison du *paysan* entourée de meules de blé donnent à cette croupe morose un peu de gaîté. Plus loin apparaît la haute motte druidique de Gavr'inis. Derrière nous les deux mamelons de l'île Deuten, couverts de landes, habités seulement par des moutons, nous masquent l'entrée du Morbihan, mais laissent apercevoir le hameau de Monteno, en Arzon, dont les toits pittoresques égaient la verdure d'une petite colline.

Les courants obligent le passeur à louvoyer pour gagner l'île aux Moines, il cherche d'abord l'abri offert par la Jument et nous mène en vue de Berder, où les cultures : vignes, blés, pommes de terre, les chaumes des blés, des orges et des avoines découpent capricieusement de leur damier le mince territoire. Nous sommes maintenant à

---

1. Berder fut achetée par M. le comte Dillon, ami et conseiller du général Boulanger, et offerte à celui-ci comme retraite.

2. Pour Berder et la Jument, voir la carte du chapitre VII, île de Gavr'inis.

l'entrée de l'anse de Kerdelan, une des baies les plus vastes et les plus belles du Morbihan grâce aux découpures des côtes et à la variété d'aspect des îles.

Aidée par le flot venu de la passe de Gavr'Inis, notre embarcation tourne à l'est. Elle range Creizic, une des plus petites îles du Morbihan, mamelon nu et arrondi où séjournait jadis un gardien de parc à huîtres et maintenant déserte ; un incendie a détruit les ajoncs et les grandes herbes ; les lapins y pullulent, après avoir jeûné quelque temps, ils ont aujourd'hui, grâce à cet écobuage, une herbe fraîche et savoureuse.

Ici la mer semble en ébullition, c'est une succession de petites vagues heurtées, chantantes, sur lesquelles passent rapidement des algues et des débris. Le phénomène est charmant pour qui n'en connaît point les causes ; en réalité il est tragique : ces remous, ces bulles, ces sillons d'écume sont l'effet du grand courant entré par les passes de la Jument et de Berder et qui fait le tour de l'île aux Moines pour aller remplir le Morbihan et remonter jusqu'à Vannes. C'est un des passages les plus dangereux de la petite mer, les marins ne le franchissent pas sans terreur, alors le capitaine prend lui-même la barre s'il n'a pas de pilote connaissant bien le passage ; l'équipage garde le silence, beaucoup d'hommes quittent leur bonnet et murmurent une prière, tous font le signe de la croix.

Pour notre barque conduite par un marin dont le métier est de franchir à toute heure et par tous les temps ce pertuis périlleux, aucun danger ; nous pouvons admirer à l'aise et les bouillonnements de la mer et l'adresse de notre guide conduisant sa barque vers la côte des Moines où des femmes font sécher le varech. Il nous fait aborder ainsi sur des rochers d'où un sentier nous amène au village de Kerbarec, entouré de hautes meules de blé et dominant l'anse sablonneuse de Port-du-Rat. Au point culminant de la petite colline sur laquelle nous avons pris pied, un amas de blocs de granit attire l'attention.

— Papa, un dolmen ! crie Pierre.

D'un bond l'enfant a traversé les pauvres demeures de Kerbarec et s'est hissé sur la table énorme d'un mégalithe superbe. Près de là, un autre dolmen plus petit ; puis, couché dans l'herbe, un menhir renversé par la foudre démontrent que ce coin de l'île fut vénéré ; les pierres druidiques y furent jadis plus nombreuses, dit-on.

Du sommet du dolmen la vue est immense, superbe, une des plus belles qu'on puisse rencontrer. On découvre le Morbihan en entier ;

l'île aux Moines, avec ses cultures, ses petites broussailles, ses bois d'ormeaux, de minuscules prairies, paraît être au centre du tableau. Le port du Rat, le hameau de Pen-hap couronnant une verte colline, forment une des plus délicieuses « marines » que l'on puisse rêver.

L'île, vue d'ici, se présente entière, avec sa forme de croix, ses tentacules couronnées d'arbres se découpant sur le flot bleu qui se creuse de jolies anses. Au delà d'un détroit voici l'île d'Arz, plus massive, plus nue, mais charmante encore avec son beau village aux toits de tuiles rouges ou d'ardoises violettes ; les petites îles verdoyantes mais inhabitées de Goveau, de Branec, de Stibiden, collines rocheuses couvertes de cultures et de broussailles. Entre les îlots, des bras d'eau bleue ou verte selon les jeux de la lumière ; des péninsules se projettent, vertes ou rousses, couvertes de villages et de moulins, ou d'une solitude riante entre d'innombrables anses où l'eau tranquille prend des teintes d'un vert de bronze par contraste avec le ruban écumeux, agité, presque colérique des courants. Dans les golfes, dans les détroits, sur les grands espaces libres flottent des voiles blanches et des voiles rousses. Admirable spectacle qui a inspiré à un poète morbihannais, M. l'abbé Le Joubioux, chanoine de Vannes, pris de nostalgie pendant un séjour à Naples, de beaux vers ainsi traduits par M. Ledivellec :

Je ne sais s'il y a au monde plus beau pays que celui que je vois ! Pour moi, jamais je n'ai vu terre si merveilleuse, mer si bleue, soleil si brillant. Il me semble que je bois la santé ! La force, je le crois, augmente en moi chaque jour ! Naples, pour toi cependant, je ne veux pas abandonner la Bretagne, mon pays bien-aimé, ma vie !

A l'orient, sont Castellamare, Salerne, Amalfi et la montagne de Sorrente ; au couchant, Pouzzoles, grande ville autrefois ; au nord, Portici et le Vésuve ; les îles Ischia, Procida, la rocheuse Caprée sont au midi. A mes yeux, pourtant, rien ne plaît comme ma Bretagne, mon pays bien-aimé, ma vie !

Quand je me promène à la Villa-Réal, à Toledo, auprès du palais du roi ; quand je prie à l'église cathédrale, il est vrai grand est mon plaisir. Mais quand j'approcherai de ma vieille petite ville de Vannes, bien grand sera mon bonheur. Pour nous autres Bretons, rien ne nous rend heureux comme d'être en Bretagne, notre pays bien-aimé, notre vie !

J'ai appris dans les pays lointains, jusqu'à présent je ne le savais pas bien, que je n'aimais rien au monde comme le petit pays qui m'a élevé. J'aimerais mieux voir la fleur de la lande que les beaux fruits qui sont à Naples dans les arbres. Je tournerais le dos à la mer bleue, au soleil brillant pour revenir vite à mon pays bien-aimé, à ma vie !

Presque chaque jour, je vais, à l'entrée de la nuit, pour mes quatre sous, me promener sur mer. Presque chaque jour je prie mon vieux batelier de me chanter la chanson que sait chaque batelier. Souvent les larmes me viennent aux yeux ! Pourquoi donc, pourquoi pleuré-je ; le souvenir me vient que j'allais sur le bateau de mon père, sur la petite mer de mon pays, ma vie !

Quand donc verrai-je Roguedas, l'isle d'Arz, l'isle aux Moines, Sarzeau, le pays riche ? Quand verrai-je Saint-Gildas et boirai-je du vin de la petite Hur ? Il fait beau voir les barques de Misène, mais bien plus beau encore celles de Séné ! Je ne voudrais pas être enterré ici, mon corps sera mieux dans mon pays bien-aimé, ma vie !

Ah ! comme l'on comprend ces regrets dans cette île verte, en vue de cette admirable petite mer semée d'îles et de voiles !

Le grand chemin de l'île, bien ferré, court, entre deux murs couronnés d'ajoncs, au sommet de la longue colline, dominant sans cesse les deux versants. Les hameaux y sont nombreux. Voici le Radel, Kerno, dont les maisons heureuses embaumées par des touffes de réséda et de violiers, sont entourées de lauriers-tins, de poiriers chargés de fruits, d'admirables pampres et de figuiers énormes. Kerno et ses voisins, Kergranelc, Kergonan, sont moins des villages que des vergers ombrageant des maisons et des parterres.

A mesure que le corps de l'île s'élargit, la verdure augmente, les bosquets jouent à ressembler à des bois, le bois de Guéric veut se hausser au rang de forêt. Ce bois de Guéric entoure un château bâti dans une presqu'île riante, bien cultivée, mollement étalée entre deux baies tranquilles. Les eaux, les hameaux, les moulins tournant au vent doux du Morbihan, les anses dans lesquelles se mirent les grands arbres sont d'une grâce heureuse. Dans la mer baignent de minuscules îles vertes, plateaux herbeux à peine émergés comme Spiro et Mouchiouse, ou couvertes de cultures comme Ilur et Huric, et Böëde, aux maisons blanches.

Kergonan est presque un village ; l'agriculture lui donne un aspect très prospère : beaucoup de blé aux abords, beaucoup de fumier contre les maisons ; les jardins semblent jalousement clos, mais par les portes ouvertes on aperçoit d'éblouissants parterres d'hortensias, de fuchsias, de verveines et de roses, et de beaux massifs d'arbousiers et de lauriers-tins.

Au delà, un mamelon nu porte un moulin, le *vieux moulin*, fort pittoresque avec sa galerie de granit en encorbellement. C'est un observatoire superbe pour bien comprendre et admirer le Morbihan ; de là, une partie de l'île jusqu'alors cachée apparaît, c'est la péninsule de Rondo couronnée de pins, creusée de carrières bordant une anse où s'alignent, sur la plage, des cabines de bains. Un étroit passage, dans lequel la mer court furieusement, la sépare de la pointe continentale de Toulindac si verte, qui ferme l'anse harmonieuse de Kerdelan. Au fond d'une autre baie surgit des flots, couverte de bois et de cultures, l'île d'Irus, au nom si doux.

Le moulin est au milieu de terrains nus, pâtures où, parmi les herbes desséchées, je retrouve les rubans de l'asphodèle. Cette plante méditerranéenne abonde dans l'île aux Moines et lui fait au printemps une gracieuse parure.

Du moulin, le chemin, toujours suivant la crête de l'île et offrant des vues de plus en plus étendues, gagne le bourg principal, Micquel ou Locmiquel, chef-lieu de l'île et de la commune. Les rues sont bordées de grandes maisons de granit soigneusement blanchies, précédées de jardinets clos de grilles ; par les ruelles descendant à la mer, on découvre le joli port de Hério, ses carrières, ses embarcations finement gréées ; en face, surgit des arbres la tour carrée de l'église. La mairie et l'école sont une vaste bâtisse ; à la porte où je vais frapper, une affiche attire le regard et me fait connaître une des particularités de l'île : la coupe du goëmon, c'est-à-dire des herbes croissant sur les rochers découverts à marée basse et qui, séchées, servent de combustible, est fixée cette année du 16 août au 10 septembre. En dehors de cette période, la récolte est interdite. Sans ces précautions, les pauvres familles de l'île ne pourraient entretenir leur foyer ; les varechs et les goëmons servent seuls à cet usage dans beaucoup de maisons.

Malgré son apparence de prospérité, l'île aux Moines n'a pas une population très fortunée. J'ai eu la bonne chance d'obtenir communication d'une étude manuscrite due à un médecin qui, pendant cinquante années, a exercé dans ces parages et connaissait à merveille les îles. Une copie de ce travail était aux mains de l'actif et dévoué instituteur de Locmiquel, M. Le Boulair, qui a bien voulu me la confier... J'y ai puisé quelques renseignements intéressants sur la population de l'île aux Moines.

Les noms des habitants ont fait supposer qu'une petite colonie espagnole est venue s'y installer après le départ des soldats de ce pays qui avaient un moment occupé le pays d'Auray, vers Baden. Beaucoup d'habitants ont un nom se terminant en O : Luco, Rozo, Prado, Pinto, etc.

De tous temps la population a présenté des différences assez tranchées, sur lesquelles mon vieux docteur s'étend avec quelque condescendance. Mais les progrès de la navigation à vapeur ont quelque peu modifié les choses, cependant il reste encore bien des traces de l'organisation primitive, ne fût-ce que le dédain dans lequel est tenu l'agriculteur, le *paysan*, comme disent les gens de mer. Ceux-là, ces travailleurs, qui ont fait de l'île le joyau vert de la petite mer, sont méprisés, ils forment avec les ouvriers étrangers à l'île : menuisiers, maçons, carriers, etc., une classe à laquelle le moindre marin se croit supérieur.

Les matelots viennent ensuite ; ceux-là servaient, ou servent encore, sous les ordres de capitaines avec lesquels ils couraient les mers; revenus avec eux au pays natal, ils se considéraient comme leurs subordonnés.

Déjà plus considérée venait la classe de ces capitaines, les maîtres jadis, les capitaines au cabotage aujourd'hui. Cette petite noblesse maritime avait deux degrés, selon qu'elle faisait le grand ou le petit cabotage.

Au-dessus, tout à fait au sommet de la hiérarchie insulaire, sont les capitaines au long cours ; c'est un clan peu nombreux, enrichi par des voyages heureux qui lui ont permis d'acquérir lopin par lopin une grande partie du territoire. Peu à peu les distinctions trop tranchées se sont effacées, mais le tableau conserve encore une grande part de vérité.

En somme, la population insulaire est une population maritime à laquelle le métayage et le fermage associent un élément agricole d'origine étrangère à l'île. C'est dans ce milieu de navigateurs auquel aucun autre sang ne vient se mêler, qu'il faut chercher la race de l'île aux Moines. Les marins ne se marient qu'entre eux, aussi les mariages entre parents rapprochés sont-ils fréquents. Les médecins qui ont eu à étudier l'île attribuent à ce fait autant qu'aux périls du métier des maris les affections nerveuses si fréquentes chez les femmes de l'île aux Moines.

Ce nervosisme des femmes contraste étrangement avec la fermeté et l'allure décidée des hommes et des enfants. Les premiers, habitués à la mer et à ses dangers dès leur sortie du berceau, ont pour elle une passion que rien ne saurait calmer. Sur les navires de l'État ou sur ceux du commerce, ils ont parcouru le monde entier. Leur amour de la mer n'a de comparable que leur affection pour la Bretagne, pour leur petite île natale, pour la maison pieusement entretenue et embellie, pour la femme et les enfants qui l'habitent. Aussi quelles gâteries pour la joyeuse marmaille quand le capitaine vient jouir d'un repos bien gagné. Nul ne peut faire le moindre reproche aux petits tyrans domestiques : « Tu gronderas quand je serai parti, dit le père, on ne doit pas gronder quand je suis ici ! »

C'est que, le père le sait bien, il pourrait ne pas revenir. Il y a tant de veuves à l'île aux Moines et à l'île d'Arz ; il y a tant d'orphelins ! Toutes les femmes sont vêtues de noir, non parce que c'est le costume de l'île, mais parce que toutes ont perdu un de leurs proches à la mer. Pour un frère, le deuil dure un an ; pour le père, deux ans ; pour le mari il est éternel. Tant que vit le mari, c'est l'aisance pour tous, le métier de capitaine marin est bon, aussi les maisons des îles sont de petits musées où les bibelots de toutes les parties du monde sont réunis ; les meubles sont de rotin, les rideaux de fin tissu, de beaux coquillages garnissent les étagères. C'est presque du luxe. Si le mari disparaît, la maison garde cet aspect heureux et riant, le jardin reste rempli de fleurs, ses allées sont soigneusement sablées ; hélas ! sous cet air d'aisance que de détresses, jalousement cachées par les veuves de l'île aux Moines !

Rien ne transpire de ces misères ; mais la mère veut les épargner à l'enfant, elle voudrait l'arracher à la mer, lui donner un métier, une fonction sans danger. C'est compter sans l'atavisme qui de tous fait des marins. A peine l'enfant a-t-il un instant qu'il court à la mer, saute dans les barques, va nager ou pêcher ; ceux qu'on a envoyés en pension sur le continent ne songent plus qu'à l'heure bénie des vacances où ils retrouveront leur beau golfe. Ces enfants veulent être et seront de hardis matelots. Ce sont aussi des Bretons, ils ont peur de la terre, beaucoup hésiteraient à une marche nocturne sur le continent, pour eux peuplé de choses étranges.

Dans cette grave société de l'île aux Moines, sur laquelle plane sans cesse le spectre des chers absents et que la mer attire cependant toujours, il ne faut pas chercher des joies bien expansives ; la naissance est célébrée --- bout-er-moor, — mais les appréhensions sur le sort du nouveau-né ne quitteront plus la mère ; la vraie fête c'est le lancement d'un navire qui amènera à la maison le bien-être et peut-être la fortune.

Les fêtes religieuses sont rares et sévères, elles sont des réminiscences du paganisme. A la Saint-Michel, on célèbre le *fard,* auquel l'évêque de Vannes vient parfois assister : après les cérémonies à l'église, on se réunit pour manger le gâteau ou *fard* arrosé de vins généreux apportés de leurs voyages lointains par les marins.

Quand le maître de la maison était absent, jadis, on lui réservait la première tranche. Enveloppée d'une toile blanche, elle était placée dans l'armoire, à la plus belle place ; si un coup de vent se déchaînait, on examinait le morceau de galette : était-il bien conservé, on respirait ; était-il gâté, on tremblait pour l'absent menacé par la tempête.

Le soir de la Toussaint on mange des crêpes ;

il y a quelques années, au moment de se coucher, la famille laissait sur la table une crêpe destinée aux morts qui pourraient venir errer dans leur ancienne demeure. Peut-être ces mœurs existent-elles encore.

Tel est ce petit peuple de l'île aux Moines, hommes au mâle visage, femmes rêveuses et austères sans cesse dans l'attente du mari au loin retenu. Il vit ainsi dans ses villages nés des bourgades celtiques du passé, où les dolmens, les menhirs et les cromlechs — il y en a un beau à Kergonan — ont fait place aux maisons fleuries, sans prendre part à la vie du pays. On est plus loin de Vannes ou de Lorient, à l'île aux Moines, qu'on ne l'est de Paris à Nice ou à Montpellier.

J'aurais voulu avoir aussi des détails sur la vie des agriculteurs, je ne les ai point trouvés. Tout au plus ai-je appris que le *sillon* est ici encore la base de la propriété; comme à Houat et Hoëdic, la propriété n'y est pas moins morcelée, il n'est pas rare d'y trouver des domaines de un ou deux sillons seulement[1].

La nuit va venir bientôt, je dis adieu à l'insti-

---

1. Rappelons que le sillon a 40 mètres de long et 65 centimètres de large, soit 2 ares 60.

tuteur qui m'a permis de recueillir ainsi des notes sur la vie intime de l'île, et nous voilà repartis sur le grand chemin central pour gagner le port de la Truie. L'île s'est de nouveau rétrécie, la route suit encore la crête ; de là nous avons une vue admirable sur les détroits qui nous séparent du continent et des flots voisins. Voici Holavre, mamelon nu autour duquel court le flot ; la Petite Logoden, non moins nue, mais possédant une maison, celle d'un gardien de parc ; la Petite Drennec, plate, revêtue d'un bois de pins qui semble surgir de la mer ; la Grande Drennec, que recouvre une maison solitaire bâtie par un Anglais amoureux du Morbihan. L'île Spiron nous masque la pointe de Berno, dans l'île d'Arz.

La pointe de la Truie, excavée par les carriers, commande un étroit passage en face de la pointe continentale d'Arradon. Des débris de murailles s'y montrent ; sans doute il y avait là une forteresse pour maîtriser le détroit ; sur ces ruines se dresse une haute croix de granit, surmontant une pyramide en gradins ; au-dessous du pieux édifice les carrières de granit ont changé le rocher en falaise.

Deux bateaux font un service régulier sur le passage de la Truie, ainsi nommé d'un écueil farouche maintenant balisé. Nous prenons place dans l'un d'eux pour gagner le continent. En ce moment, le soleil se couche derrière la petite île d'Irus, si verte, si bien cultivée, d'un aspect si heureux avec sa ferme bâtie au flanc de la falaise et entourée de verdure. La mer, dans les petites baies et les minuscules estuaires qui s'ouvrent devant l'île, est d'une tranquillité souriante.

Nous voici sur la pointe d'Arradon, où m'attend une voiture venue de Vannes à ma rencontre; avant de perdre le Morbihan de vue, je monte au sommet d'un coteau d'où la petite mer — tel est le sens des mots *mor-bihan* — apparaît tout entière, dorée par le soleil et couverte de ses innombrables îles. Je la parcourrai demain en allant visiter Gavr'inis.

VI

LES PETITES ILES DU MORBIHAN

Vannes. — Ile de Conleau. — Ile Boëdic. — Ile Boëde. — Les Iles Deunec. — L'île Tascou. — L'île Baltrau. — Les îles Logoden. — Ile Holavre. — La Truie. — Le bétail de l'île Irus. — Ile Creizic. — Ile Berder. — Ile de la Jument. — Les courants de Gavr'luis. — Ile de Gavr'luis et son tumulus. — Le coureau. — Ile Radenec. — Ile Grégan. — Ile Longue. — Ile Renaud. — Les îles Vrisl. — Les sept îles. — L'île d'Orlani. — Locmariaquer et ses mégalithes.

De toutes les villes bretonnes un peu importantes, Vannes a le mieux conservé le caractère de la province. Rennes ressemble trop à la rue de Rivoli, Brest est trop militaire, Lorient trop utilitaire, même Quimper-Corentin, si curieuse et si gaie, s'est trop modernisée. Vannes, au contraire, jusque dans ses rues les plus neuves, sur les larges boulevards des bas quartiers, est restée bretonne. Malgré les Haussmann locaux, beaucoup de vieux édifices sont restés debout, antiques hôtels, maisons de bois à étage surplombant, ruelles montantes et silencieuses. Par les jours gris, lorsque passent, dans ces couloirs silencieux où pousse l'herbe, les femmes vêtues de noir se rendant aux premières messes de Saint-Pierre ou de Saint-Patern, on pourrait se croire encore au temps du bon roi Arthur ou du duc Noménoë.

Vannes a surtout ses douves de la Garenne, une des plus incohérentes, des plus pittoresques et des plus exquises promenades de France. Ce sont les anciens fossés de la ville vers l'Est ; les remparts, partout ailleurs tombés sous la pioche, ont conservé leurs assises de l'époque romaine, leurs murailles, une partie des mâchicoulis du moyen âge et quelques vieilles tours dont une, la tour du Connétable, vaut seule un arrêt dans l'antique cité. Au pied de ces murs vénérables, recouverts de plantes parasites, dans les larges douves transformées en jardins potager, coule la rivière limpide de Vannes ; elle vient d'arroser le beau parc de la préfecture qui fait au palais départemental le plus superbe ornement de verdure, de grands arbres, de roches escarpées rappelant les merveilles de Clisson[1]. La rivière, ou plutôt le clair ruisseau, est bordée de lavoirs où, toute la journée, claquent gaîment les battoirs des lavandières, puis elle disparaît sous une voûte recouvrant la

---

1. Voir sur Clisson, 2ᵉ volume du *Voyage en France*, p. 289.

place du Morbihan et, désormais soutenue par la marée, forme le port rectiligne de Vannes que de petits navires animent sans cesse.

Bordé de grands ormes sous lesquels verdoient

ENTRÉE DE LA RIVIÈRE DE VANNES DANS LE MORBIHAN.
Carte de l'état-major au $\frac{1}{80,000}$.

des pelouses, égayé par un kiosque à musique, orné de la statue de Le Sage en marbre blanc, ce port est charmant. La rivière draguée et bordée de quais est devenue un large canal se prolongeant entre de vertes collines.

Nous avons obtenu le passage sur la péniche de la Douane qui doit faire une course dans le golfe ; pendant leur visite les douaniers me conduiront d'île en île, de détroit en détroit. Bien taillée pour la course en mer, conduite par une équipe de vaillants rameurs et portant une grande surface de toile, la péniche eut jadis de grands succès dans les régates. Elle se balance mollement sur le chenal entre les goëlettes et les bricks qui chargent les poteaux de mines à destination de l'Angleterre.

Armez ! dit le patron dès que nous avons pris place à l'arrière sur la péniche : les huit avirons tombent à la fois, nous filons avec le courant, car la mer descend. Derrière nous Vannes présente, à l'issue du port, la porte Saint-Vincent, les belles maisons de la place du Morbihan de forme si régulière. Vue ainsi l'antique cité des Vénètes semble une grande ville.

Les grands ormes font place à de jeunes arbres qui continuent au loin la promenade et feront dans quelques années à ce chenal régulier une perspective majestueuse. Entre les hameaux de Kerino et de Kerando le spectacle change, le chenal artificiel devient peu à peu un estuaire, si la rive droite de la rivière est encore bordée d'une chaussée, la rive gauche a gardé son aspect primitif, elle est capricieusement découpée, de jolis bouquets de bois et des roches forment un décor charmant. La jetée de la rive droite s'infléchit pour aller s'appuyer à la péninsule de Conleau.

Le paysage subitement s'élargit : nous étions dans un étier vaseux et voici un lac alpestre, une réduction de lac plutôt, la nappe d'eau n'a pas un quart de lieue et les montagnes sont de petites collines dont la plus haute se hausse jusqu'à 90 pieds. Mais elles sont si riantes, si vertes, si coquettement coiffées de villages, de bouquets d'ormes, de bois de pins, il y a des falaises si ardues et de coloration si chaude, les landes et les prés couverts de bétail dévalent si gentiment à la mer qu'on ne peut retenir un cri d'admiration. Le lac — qui doit être bien laid à mer basse ! — prolonge dans les terres trois bras sinueux : la rivière de Vannes, le large estuaire de Séné et celui du Vinsein. Hier, en rentrant à Vannes par Arradon, nous avons parcouru un vallon idyllique, traversé par un ruisselet étroit et jaseur; dans ce vallon la marée a pénétré et a formé le large et profond estuaire qui rejoint ici la rivière de Vannes.

Rien ne manque à ce paysage : au-dessus de la baie de Séné, déserte en ce moment, mais que des centaines de barques animeront ce soir, se dresse la tour ajourée de Séné. Près de nous, sur le promontoire de Conleau, des pins, des rochers, des villas. Comme une corbeille, surgit du sein des eaux une île verte, boisée de pins vigoureux aux troncs droits et forts. Sous cette ramure s'abritent les villas rouges de la station de bains où les Vannetais viennent pendant la saison.

Le Vinsein est rempli de bateaux de plaisance à la coupe gracieuse, à la mâture élancée ; il entoure l'île, longue de 500 mètres à peine, et, mêlé à la rivière de Vannes, arrive devant l'étroit goulet qu'on peut considérer comme l'entrée du Morbihan. A mer haute c'est un paysage idéal qui séduirait plus d'un peintre.

Le vent s'est levé, le courant nous pousse, les avirons sont disposés sous les bancs de la péniche, les voiles sont hissées, rapidement nous pénétrons dans le goulet, large de 150 à 200 mètres à peine, un fleuve d'eau verte et rapide coule entre les berges, nous y dépassons une lourde barque chargée de débris de granit destinés à servir de collecteur pour les parcs à huîtres.

En quelques secondes le chenal est franchi, nous laissons derrière nous, à droite, la massive presqu'île de Kerguen, à gauche la longue, mince et belle péninsule de Langle et nous passons à toucher l'île de Boëdic. C'est une terre rocheuse, longue de 1 kilomètre à peine, large de 100 à 200 mètres. Cet étroit domaine possède une belle maison, un vaste jardin clos de murs, des vignes et des champs pour le service desquels deux voitures stationnent. Des voitures dans cet îlot !

Sur la terre ferme c'est une succession d'heureux tableaux. Vastes villas ombragées de grands arbres, belles pelouses et, sur le gracieux petit promontoire de Penboch, la chapelle d'un collège de jésuites.

Maintenant que les horizons se sont élargis, le vent gonfle plus fortement nos voiles, nous courons sur la nappe éblouissante du golfe, laissant derrière nous les bateaux lourdement chargés et les embarcations plus légères des touristes. La côte de l'île d'Arz projette ses tentacules ; nous évitons cette terre pour passer près des îles Drennec, deux rochers couverts de verdure. Ce mot de *Drennec*, très fréquent en Bretagne, veut dire *lieu couvert de ronces*. Mais les lieux ont bien dû changer. Un des deux îlots l'un, la petite Drennec, large et longue de 250 mètres au plus, est couverte d'un bois de pins qui abrite les deux maisonnettes des gardiens d'un parc à huîtres, l'autre, la grande, longue de 500 mètres, plus accidentée, possède une maison obstinément close, assise sur un isthme qui relie les deux mamelons dont l'île est composée. La grande Drennec peut avoir 800 mètres de longueur ; un très étroit chenal, un ruisselet marin plutôt, la sépare de sa voisine.

Nous allons quitter cette partie du Morbihan qu'on pourrait appeler la rade de Boëdic ; au fond de ce bassin se distinguent d'autres îles : Tascon avec cinq ou six fermes blanches entourées de terres bien cultivées, Baliran sur laquelle on n'aperçoit qu'une maison de garde. Nous voici maintenant dans un second bassin, entre les deux grandes îles d'Arz et des Moines et la côte d'Arradon[1]. En face des Drennec deux autres îles jumelles, les Logoden, s'élancent des eaux. La grande Logoden est un rocher pyramidal au relief hardi, de 18 mètres de hauteur et de 300 mètres de longueur ; la petite, au contraire, est toute mignonne ; sur le mamelon qu'elle porte, une nappe de bruyères roses a fleuri, c'est exquis de couleur ; au sommet, comme un panache, se balance un pin. Devant elle la gracieuse côte d'Arradon, couverte de villas éparses sur la plage ou dans la campagne verdoyante, et la pointe terminale de l'île aux Moines. Devant cette pointe se dresse l'île Holavre, aride rocher au sommet peint

---

1. Voir la carte de l'île d'Arz, p. 142.

en blanc pour signaler aux navires la fosse dangereuse de la Truie : une chaussée relie Holavre à un autre rocher portant une bouée rouge.

Nous franchissons la Truie ; au milieu du détroit le sombre écueil se dresse, dominé par sa noire tourelle-balise. Voici l'île d'Irus, autour de laquelle le courant violent clapote ; dans une jolie prairie huit vaches blanches et noires paissent Vue de la mer cette île, longue de 650 mètres, dont le point culminant est de 14, est plus charmante encore, grâce à ses belles cultures, ses prés et ses petits bois. Au delà d'Irus un large estuaire s'avance dans les collines de Baden.

Le défilé de la Truie est à peine passé et un autre se présente, entre le joli port de Hério dans l'île aux Moines et le Port Blanc de Baden, bien petit port composé d'une jetée au-dessus de laquelle sont cinq ou six maisons abritées par un mur gris. C'est le passage des Rochauds, ainsi nommé de roches couvertes d'un varech jauni, comme rouillé. Les courants, très forts dans ces parages, détachent sans cesse la chevelure des algues et la jette sur la côte de l'île aux Moines où des femmes la ramassent ; la cueillette est fort active en ce moment, car les travaux des champs sont finis.

Sur le continent le site est morose; les rochers sont couverts de bruyères d'une maigre floraison, ils forment autour de l'anse de Kerdelan une sévère ceinture. Puis le paysage s'égaie de nouveau par les îles. Si Creizic, mamelon de 100 à 150 mètres de diamètre, est nue, malgré la pelouse qui la recouvre et sur laquelle grimpent quatre ou cinq enfants, des ramasseurs de varechs sans doute, elle est assez curieuse par ses bords festonnés : on dirait d'une énorme galette où des dents auraient mordu. En face de cet îlot triste, Berder est vivante et joyeuse. Elle porte les plus jolies constructions de l'archipel, ses cultures et ses vignes sont admirablement soignées, ses jeunes bois promettent de beaux ombrages; une serre, une chapelle gothique contrastent fort avec la rude nature avoisinante. Berder a poussé le progrès jusqu'à se donner une chaussée qui la rattache au continent et une petite jetée servant de port. Elle est relativement vaste, pour cette mer aux infimes îlots : sa longueur est de 900 mètres et sa largeur de 300.

De la terrasse de Berder on a, chaque jour, le tragique et imposant spectacle des courants du Morbihan. En face s'étend l'île de la Jument aussi longue que Berder, également habitée, mais plus étroite et moins belle. Entre ces deux îles le détroit n'a pas 300 mètres et la moitié des eaux qui vont remplir les bassins de Logoden, de Boëdic, les estuaires de Vannes, du Vinsein et de Séné montent par là ou en redescendent. Le courant atteint parfois 10 nœuds à l'heure, c'est-à-dire 18 kilomètres. Le flot écume, tourbillonne, se presse comme jaillissant d'une écluse. Nous franchissons le passage de la Jument en basses eaux, et cependant le courant venu d'amont est violent encore, à peine avons-nous de la voilure et la péniche file comme une flèche entre la Jument et Berder pour venir à l'abri de l'île de Gavr'inis, la grande curiosité archéologique de toute la Bretagne, avec les monuments mégalithiques de Locmariaquer où nous aborderons tout à l'heure.

Les abords de Gavr'inis ne sont pas des plus commodes à mi-marée : le courant du Morbihan entoure l'île et circule avec une vertigineuse rapidité : cela rappelle le Rhône à la sortie du lac de Genève ou sous les arches du pont Saint-Esprit. Le flot se précipite sur des roches irrégulières. couvertes de varechs où il est malaisé de s'engager. Les bateliers nous font une petite passerelle avec une planche, tendent une gaffe à hauteur d'appui pour servir de parapet et l'on peut gagner les roches émergées couvertes d'algues visqueuses. On aborde ainsi la base de l'îlot, à la partie que n'atteignent jamais les hautes mers, d'où un sentier rocailleux, tracé dans les pierrailles du tumulus, conduit à l'entrée de la grotte.

Pendant que l'un des matelots va chercher le guide à la ferme, nous grimpons sur le tertre. C'est une énorme motte, haute de 8 mètres et de 100 mètres de tour constituée par des pierres et de la terre rapportée qui recouvrent le dolmen ou plutôt l'allée couverte intérieure. Au sommet un puits ou galerie, obstrué aujourd'hui, permettait de descendre dans le souterrain ou de l'aérer.

La visite de la grotte causera peut-être quelque déception aux touristes insensibles aux joies sévères de l'archéologie, mais la vue découverte du sommet de la butte est un émerveillement. De tous les observatoires du Morbihan celui-ci est le plus grandiose, le panorama y prend une ampleur extrême. Ailleurs, dans le golfe, la vue est toujours belle, mais on n'a jamais tout l'ensemble de la mer et des îles. Du tumulus de Gavr'inis, au contraire, aucun détail n'échappe à la vue, l'archipel entier se distingue, grandes îles comme Arz ou les Moines, infimes îlots comme *Radeneo* ou le *Grégan*. A l'occident une longue arête de 1,200 mètres, large de 50 à 100 mètres au plus, portant le nom d'*Ile Longue* sépare Gavr'inis de la rivière d'Auray. C'est une bande de terre couverte de broussailles mais où l'un de ces paysans bretons, âpres au travail et dédaignés par les marins, a su tirer quelque parti du sol ; une ferme s'est bâtie à la pointe méridionale, à l'abri des rafales de l'ouest ; des meules de blé l'entourent comme pour prouver l'ardeur du fermier ; par delà l'Ile Longue, voici un îlot rocheux de 500 mètres de long, de 300 mètres de large, où l'on a pu construire une ferme et une imitation de château gothique. C'est l'*Ile Renaud*, propriété d'un parisien. Trois autres îlots, le *Grégan*, le *Grand Vrisi* et le *Petit Vrisi*, bordent l'estuaire d'Auray. Les Vrisi, dont la plus grande a 150 mètres de longueur, ont une maison de garde et une villa. A leur pied coule le flot énorme de l'estuaire soutenu ou abaissé deux fois par jour par la marée et qui vient de s'écouler par les chenaux séparant les Sept Iles, rochers déserts[1], puis voici Locmariaquer, les mornes campagnes semées de monuments mégalithiques, et la vaste baie de Quiberon fermée par sa péninsule, ourlée de blanc scintillant par le sable de ses plages. C'est en-

---

1. Il ne faut pas confondre les Sept Iles du Morbihan avec les roches plus considérables du pays de Lannion dont il sera question dans le 5ᵉ volume.

core la **Trinité**-sur-Mer, le mont Saint-Michel de Carnac, et, au fond de l'horizon, se confondant avec la grandiose étendue des mers, la vaste terre de Belle-Isle dont la petite capitale, le Palais, se montre toute blanche au flanc des falaises. C'est encore la Teignouse, Houat et ses moulins, puis Hoëdic vaporeuse sur le fond de la mer. Dans l'intérieur du pays le Morbihan tout entier, la presqu'île de Rhuys, les vertes campagnes d'Arradon, la haute flèche de Baden. Tout cela est immense, sublime, et pourtant, ce n'est pas ce spectacle qui attire le plus l'attention, celle-ci va surtout aux courants tumultueux, entourant et rangeant les îles, à ce *coureau* qui semble devoir balayer tous les rochers dont est hérissée la petite mer.

Comme contraste, le mince îlot de Gavr'inis présente des champs bien cultivés, une maison de belle apparence, de grands arbres. C'est une charmante retraite, plus intime que les campagnes un peu trop peignées de Berder, sa voisine.

Par le chemin de la ferme, une jeune fille vient à nous, portant une bougie et une énorme clef. C'est le guide de la grotte. La clef grince dans la serrure, la porte s'ouvre et nous montre un couloir sombre. Des dalles de granit brun forment une allée recouverte d'autres dalles; le sol est pavé de larges pierres de granit. Ce couloir est large de 1^m,50 et profond de 13 mètres; il aboutit à une chambre carrée, large de 2^m,60 sur 2^m,50

ENTRÉE DU MORBIHAN, ILES DE GAVR'INIS, BERDER, LONGUE, LA JUMENT, ETC.

D'après la carte de l'état-major au $\frac{1}{80,000}$.

et haute de 1^m,80. Les parois, formées d'énormes pierres plates, supportent une dalle de granit de proportion colossale : 4 mètres de longueur sur 3 de largeur. Les parois de cette grotte sont couvertes de sculptures primitives: rosaces, dessins, représentation d'ustensiles, qui ont fort exercé la sagacité des archéologues. Des anneaux creusés à même le granit ont, eux aussi, donné lieu à bien des suppositions.

La grotte de Gavr'inis doit la célébrité dont elle jouit à ces premières manifestations artistiques, bégaiement de la sculpture dans cette croyante Bretagne que les tailleurs de granit devaient un jour couvrir de chefs-d'œuvre. Sur aucun autre des monuments druidiques voisins on ne trouve cette préoccupation du symbolisme graphique poussée à un tel degré. Les monuments de Carnac et de Locmariaquer ne sont que des symboles de force, à peine y trouve-t-on quelques traits gravés, sans doute postérieurs à l'érection du dolmen, à en juger par la croix tracée sur l'un des mégalithes de Locmariaquer.

Le secret de ces sculptures préhistoriques n'a pas encore été pénétré, Gavr'inis attend toujours son Champollion. Qui sait? le secret de nos origines est peut-être dans ce couloir obscur d'un îlot du Morbihan !

Adieu à Gavr'inis. Nous embarquons dans notre péniche, elle passe près des *platures*, roches basses tapissées de varech qui entourent l'île d'Orlani, longe la côte abrupte de l'Île Longue, à l'extrémité de laquelle un amas de pierres m'est désigné comme un autre tumulus semblable à celui de Gavr'inis. Ces débris ont été fouillés sans résultat. Au pied de ce monument préhistorique, le courean a des violences de bête hargneuse, des soubresauts, des remous ; il se gonfle, forme au milieu comme un dos monstrueux de bête marine. Sans le soleil si pur, ce serait terrifiant.

Nous voici dans l'estuaire d'Auray, la mer est basse, aussi le chenal est-il un étroit fossé creusé dans les herbes flottantes d'une prairie marine ; entre les balises nous atteignons une jetée, au fond de l'anse de Kerpenhir, port de Locmariaquer.

Un chemin étroit conduit au bourg, un grand bourg quelconque, mais où l'opulente végétation de ce doux et humide climat met un peu de gaîté. Les figuiers de Locmariaquer sont énormes, les jardins sont fleuris de plantes qui nécessitent ailleurs l'abri et la chaleur de la serre. Sous le grand soleil réverbéré par les murs blancs des maisons percées de fenêtres étroites et rares, cette végétation donne à ce coin de l'Armorique une apparence de terre africaine.

Locmariaquer est, avec Carnac et Gavr'inis, le centre de l'antiquité celtique. Nos ancêtres ont édifié ici leurs monuments les plus gigantesques, ceux dont la puissance surprend le plus l'esprit. Il est bien regrettable qu'on n'entoure pas de plus de soin ces débris d'un passé incalculablement lointain. Le département et l'État n'ont pas pu trouver encore, peut-être ne les ont-ils pas cherchés, les quelques milliers de francs nécessaires pour relever le fût gigantesque du *Men-er-H'roek*, le plus grand des menhirs connus, puisqu'il avait 21 mètres de longueur avant d'être renversé par la foudre. Et cependant ce serait un jeu pour l'ingénieur moderne de remettre debout cette pierre de 3 à 4 mètres d'épaisseur sur 5 mètres de diamètre. Le poids total atteint 200 tonnes, il est vrai, mais le monolithe est brisé en quatre morceaux qu'il serait facile de rajuster. Quelle colonne triomphale, quel obélisque amené à grands frais de lointains pays vaudront jamais pour les fils des Celtes le sauvage monument élevé par leurs pères à l'entrée de la petite mer bretonne où se réfugiait la flotte des Vénètes !

Le Men-er-H'roeck pourrait être le monument principal de la reconstitution d'un lieu sacré aux époques primitives de notre race. Il faudrait pour cela rendre plus accessibles et mieux entretenir les monuments épars dans les champs mélancoliques de Locmariaquer ; il faudrait déblayer leurs abords, les relier entre eux par des sentiers au milieu d'un parc et se borner à une seule rétribution pour les visiteurs. Cette rétribution servirait à l'entretien de cette cité druidique unique au monde. On pourrait relever l'allée de menhirs qui conduit à la montagne de la Fée : *Mané-er-H'roeck*, ce beau tumulus haut de 12 mètres, recouvrant une grotte analogue à celle de Gavr'inis. Que d'autres débris de menhirs et de dolmens gisent encore dans la plaine et que l'on devrait relever ! Le dolmen de *Mané-Rutual* et le menhir brisé qui l'avoisine pourraient être rétablis, on pourrait racheter le *Mané-Lud* où l'on ne pénètre que par la cour malpropre d'une ferme. Le seul monument vraiment bien conservé et respecté est mal entouré, c'est l'immense dolmen dit Table des marchands — Dol-ar-Marc'hadourien.

L'État a classé tous ces vestiges de la civilisation celtique parmi les monuments historiques, il aurait dû poursuivre son œuvre en achetant le terrain environnant. Ces dolmens, ces menhirs, ces lignes symboliques de pierre ainsi abandonnés n'imposent aucun respect aux visiteurs. A défaut de grands chênes ombrageant ces vénérables témoins d'une civilisation inconnue, on rêverait de pins verts au-dessus des monuments et bordant les allées solennelles de pierres levées. Quel sera le ministre assez hardi pour songer à réaliser le rêve d'Henri Martin, le dernier des Druides et le sauveur de ces antiquités nationales ?

VII

ILES D'ARZ ET D'ILUR

Les pêcheuses de Séné. — Sur les courants du Morbihan. — Les forbans et les sinagos. — Ile Holavre. — Dans l'île d'Arz. — Le bourg. — Industrie féminine. — Mœurs agricoles. — Les satellites de l'île d'Arz : Ile Spiro, Ile d'Ilur, Ile Huric, Ile Godor, Ile de Lerne. — Les hameaux d'Arz. — Manoir de Kernoël. — Les gardiens de la pêche et les gens de Séné. — Ile Baliran. — Ile des Œufs. — Ile Tascou. — Ile Plate. — Ile Kistinoc. — Retour à Vannes. — Ile de Boéde. — La pointe du Moine.

La mer monte ; les courants, à défaut du vent qui souffle de terre, vont nous porter de nouveau dans les passes du petit archipel pour nous conduire à l'île d'Arz, la seule des terres morbihanaises qui nous reste à visiter. Déjà la mer a recouvert les prairies marines de la rivière d'Auray ; les parcs à huîtres de Locmariaquer disparaissent peu à peu sous le flot accouru de l'Océan et remontant de fjord en fjord, d'estuaire en estuaire. Devant Locmariaquer, des pêcheuses de palourdes que j'avais vues tout à l'heure fouillant la vase pour recueillir ces coquillages, sont obligées de s'installer dans d'indescriptibles embarcations, lourdes, sans forme, qui sembleraient ne pouvoir tenir la mer; les pêcheuses sont armées de rames faites d'un bâton au bout duquel on a cloué un morceau de planche ou de douve de barrique. Avec cet aviron primitif, sur ces lourdes barques, ces femmes vont affronter les courants terribles du Morbihan; elles vont traverser en entier le golfe pour rentrer chez elles à Langle, dans la commune de Séné [1]. Elles amarreront leur bateau et, demain matin avant le jour, se rendront à Vannes pour y vendre leur pêche. Par tous les temps elles courent le golfe, ces marinières infatigables, pendant que leurs maris pêchent ou maraudent. Je les retrouverai tout à l'heure, les gens de Séné, derniers échantillons des écumeurs de mer en Bretagne.

Nous dépassons leurs barques, car nous pouvons utiliser un peu la voile, et la péniche, finement construite, va dès lors plus vite que le flot de marée lui-même. Nous filons avec une inconcevable rapidité, à peine avons-nous le temps de voir passer devant nous l'île Renaud et son châ-

---

1. Voir au chapitre précédent, p. 117, la carte de la rivière de Vannes; Langle est dans la grande péninsule comprise entre le golfe et l'estuaire.

teau couronné d'un donjon et de tourelles, le grand Vrisi et sa villa, le petit Vrisi, au sommet duquel est une pyramide blanchie à la chaux servant d'amer ; pour traverser le courant très agité qui remonte dans la rivière d'Auray, notre péniche oscille comme poussée par le vent. Nous doublons la pointe de l'île Longue et rejoignons le grand courant qui se divise pour faire le tour de la Jument. C'est le passage le plus périlleux pour les marins peu familiers avec le golfe ; le courant, d'après l'estime de mes compagnons, atteint en ce moment une vitesse de 8 ou 10 nœuds à l'heure[1] ; si le vent venait du large, la vitesse serait plus effrayante encore. Nous glissons entre les îles par une force irrésistible ; les *platures* sont déjà en partie couvertes ; sans les balises, ces écueils seraient difficiles à deviner maintenant, seuls des yeux exercés peuvent distinguer sous le courant grondeur la teinte noire et rouillée des varechs.

Derrière nous, à l'entrée du Morbihan, c'est une féerie. Avec le flot arrivent de la mer une nuée de bateaux qui sont allés pêcher vers les Buissons de Méaban ou dans la baie de Quiberon. On les compte par dizaines dans les détroits : ces grands bateaux aux larges voiles viennent de loin

---

1. 15 à 18 kilomètres.

en mer, ils remontent tous la rivière d'Auray, ce sont les *forbans*; d'autres, plus petits, à deux voiles rouges d'une forme caractéristique, ont pêché le long des rochers, dans les criques de l'Océan et du Morbihan ; il en sort de partout, ce sont les *sinagos* des gens de Séné. Comme je m'étonne du nombre, on me répond :

— Mais ce n'est rien! Séné possède 550 embarcations, nous en verrons bien d'autres dans leur port, de ces gens-là.

Pour la seconde fois, je suis surpris de l'espèce d'amertume avec laquelle on parle des hardis marins de ces rivages. Peut-être saurai-je à l'île d'Arz le pourquoi de ce sentiment.

Le courant nous a si rapidement conduits devant Berder, puis dans le chenal des Rochauds et le défilé de la Truie, que nous avons eu à peine le temps d'admirer la longue côte de l'île aux Moines. Nous passons entre l'île Holavre et celle-ci pour en longer le rivage oriental que nous n'avons pas vu encore. D'ici, le bourg de Locmiquel, avec ses chapelles, ses maisons blanches éparses dans la verdure, est fort joli ; une grande baie se creuse, formée par la presqu'île de Guéric, presque sauvage, mais où le hameau de Brouel domine de si jolies plages.

Entre cette pointe de Brouel ou Bréel et l'île d'Arz, il n'y a qu'un chenal d'un kilomètre à peine. Une pointe d'Arz semble venir à la rencontre de l'île aux Moines ; à cette pointe, portant le hameau de Gréaveau, nous allons débarquer ; la péniche accoste une petite jetée et, pendant que nous montons dans l'île, elle reprend la mer pour aller nous attendre à un autre promontoire, celui de Beluré, plus proche de la rivière de Vannes.

L'impression première, à Arz, est loin d'être favorable, surtout pour le visiteur venant de l'île aux Moines, si riante, si verte et si fraîche. Le soleil n'a pas en ce moment la limpidité qu'il avait hier et le panorama du Morbihan y a perdu de sa gaîté. Cependant l'île est prospère, à en juger par le soin avec lequel elle est cultivée. Dès les premiers pas sur la colline, on l'aperçoit toute entière, pas un coin de terre n'est perdu. Arz est bien plus trapue que sa voisine, sur la carte elle paraît moins vaste ; en réalité, cette longue arête de l'île aux Moines est de même étendue que l'autre : 328 hectares au lieu de 319.

Le Gréaveau, où nous avons débarqué, est comme le faubourg du bourg principal. Ses maisons et celles d'Arz sont propres, bien tenues ; elles disparaissent en partie sous d'énormes

figuiers. Cet arbre pousse à merveille dans les
îles, on le plante pour son ombrage seulement ;
ses fruits, exquis cependant, sont dédaignés. Le
bourg est très pittoresque, ses maisons sont déjà
vieilles ; en voici une charmante avec son perron
de granit gris ; la plupart ont des portes à plein
ceintre dont l'arceau est orné de nervures.

A l'entrée du village, on rencontre un atelier
qui a fait longtemps la prospérité de l'île. Arz,
plus encore que les Moines, est habitée par des
familles de marins, capitaines au cabotage ou au
long cours ; plusieurs enfants de l'île sont officiers
dans la marine de guerre. Au temps des petits
navires, l'aisance était générale ; peu à peu les
grands paquebots ont réduit les armements et les
fortunes ont diminué. L'industrie de la passemen-
terie, implantée par un industriel parisien sur les
conseils de l'abbé Rio, avait permis aux veuves
de marins, aux femmes de capitaines sans enga-
gements de subvenir à leurs besoins. Pendant quarante ans, l'île d'Arz fut une ruche féminine où
l'on faisait la dentelle et la broderie ; les femmes
et les jeunes filles ont des doigts de fée, aussi
l'entreprise prit-elle une extension assez grande.
75 ouvrières travaillaient à l'atelier sous la direction des sœurs, autant travaillaient chez elles ;
des îles voisines, d'Ilur et d'Huric, on venait

chercher du travail à Arz. Dès que les fillettes avaient atteint leur douzième année, elles en-

ILES D'ARZ ET D'ILUR.

D'après la carte de l'état-major au $\frac{1}{80,000}$.

traient à l'atelier. Avec de la persévérance, on arrivait à gagner jusqu'à 45 et 50 fr. par mois. Dans les ménages où il y avait quatre ou cinq jeunes filles, c'était presque la fortune. Un musée où se trouvaient des merveilles avait même été installé à Arz. La mode a changé, l'industrie mécanique de Lyon, de Calais, de Saint-Quentin, de Tarare, a frappé le travail à la main. Aujourd'hui la petite fortune de l'île d'Arz est tarie dans sa source. Ce serait à la fois un bienfait et une bonne affaire d'implanter une autre industrie féminine à Arz, il y a là 120 à 150 jeunes filles travailleuses et habiles à tous les ouvrages de femme.

J'ai pu voir de près cette admirable population d'Arz ; grâce à un officier de marine de mes amis qui m'avait recommandé à sa famille, une famille de marins au cœur antique, frappée par la mort d'un de ses chefs dans ses affections et dans sa fortune. J'y fus accueilli comme un frère, avec cette grâce dans l'hospitalité que nous connaissons si peu aujourd'hui. Nous avons pu ainsi parcourir l'île et recueillir en quelques instants des données précieuses sur ces îles du Morbihan, plus inconnues que les îles éloignées d'Houat et d'Hoëdic.

Ces dernières passent pour des types à part au point de vue de la constitution de la propriété. M. Baudrillart, dans sa vaste enquête sur les populations rurales de la Bretagne, s'étend longuement sur elles ; puis, parlant de l'île d'Arz et de l'île aux Moines, il les signale en un mot, disant qu'elles ne présentent rien de particulier.

Le jugement est net, il n'est pas sans appel. L'île d'Arz présente, au contraire, des singularités assez remarquables. Ainsi, sur une population de 1,140 habitants pour la commune, de 1,100 pour l'île principale, on ne rencontre que 11 ménages dont la profession est d'être cultivateurs. La proportion est bien plus forte à l'île aux Moines, peuplée de 1,459 habitants. Ces 11 ménages font la culture pour les autres. A Arz, tout le monde est propriétaire, le terrain est donc extrêmement divisé; les plus pauvres possèdent au moins quelques parcelles près de leur maison pour produire les légumes nécessaires et quelques *sillons* en propriété ou en location pour le blé et les pommes de terre.

Le sillon équivaut environ à un are. Nombre de propriétés ne comportent qu'un à quatre ou cinq sillons. Il serait difficile de cultiver d'aussi petits espaces, aussi le labourage se fait-il par les soins des paysans de profession pour le compte des propriétaires ou des locataires. Chose singulière et qu'on trouverait difficilement ailleurs, l'île est divisée en deux champs dont l'assolement est régulier. Toutes les terres d'un côté de l'île sont cultivées en blé pendant une année, l'autre l'est en légumes : pommes de terre et haricots surtout. L'année suivante, on intervertit l'ordre des cultures, chacun allant ramasser dans l'immense champ commun la récolte poussée sur sa part de sillons. La route centrale de Gréaveau à Quéléron limite les zones d'assolement.

Malgré cette association intelligente, malgré le soin avec lequel la terre est cultivée, l'étendue du domaine commun est trop faible ; à peine récolte-t-on des vivres pour six mois. Il faut aller acheter au dehors pour les six autres mois, et comme l'île n'a ni industrie ni commerce, on mourrait de faim sans l'exode des hommes, tous marins au cabotage ou au long cours, qui envoient leurs appointements à leurs familles. Cet argent permet d'acheter sur le continent les bois de chauffage dont l'île manque totalement, le linge et la chaussure. Quant au travail des champs en dehors du labour, il incombe entièrement aux femmes.

Le laitage et l'élevage des porcs complètent les ressources de l'île. On compte 2 chevaux, 150 vaches et 30 chèvres ; une trentaine de bœufs servent aux travaux agricoles ; chaque maison à peu près possède un porc et une vache ; il y a 260 habitations et l'on compte 200 porcs environ.

Les grains sont portés à deux moulins : l'un est mû par le vent, l'autre est un *moulin à mer*, dont la force motrice est fournie au moyen de l'eau d'un étang rempli par la marée. Ces moulins servent non seulement aux habitants d'Arz, mais aussi à ceux des autres îles de la commune qui sont cultivées. Ces îles sont :

Spiro, avec une ferme louée 120 fr., cultivée en pommes de terre et en froment ; Lerne, cultivée par un fermier ; Huric, où se trouve une ferme appartenant à la commune, et enfin Ilur [1], plus considérable, possédant un petit village et une chapelle sous le vocable de Notre-Dame de Lourdes. Cette île fut jadis une sorte de métropole religieuse pour le petit archipel ; elle a chaque année, le deuxième dimanche de mars, un fête patronale où l'on accourt de toutes les autres îles. Elle compte deux fermiers et trois propriétaires cultivateurs.

En somme, sans l'argent envoyé ou apporté par les marins, l'île d'Arz serait rapidement dépeuplée faute de vivres. Sur cet étroit espace, 1,100 personnes se pressent, c'est 550 par kilo-

---

1. La carte de l'état-major et, après elle, de sérieux et précieux documents, comme le *Dictionnaire Joanne*, appellent cette île Hur ; c'est évidemment une erreur d'impression, l'I et l'l semblant liés. De même Spiro s'écrit aussi Spiren, Spiron.

mètre carré ; on dépasse 600 à l'île aux Moines. Même à l'île de Ré, si populeuse, on est loin de ce chiffre.

Reprenons maintenant dans l'île notre course interrompue. La première visite est pour l'église, temple vénérable qui a conservé de purs détails romans du xi° siècle. C'est un ancien prieuré dépendant de l'abbaye de Saint-Gidas de Rhuys ; le petit temple est en partie entouré du cimetière ; là se trouvent les tombeaux de deux bienfaiteurs de la commune, celui de Joseph Rio, prêtre qui a amené à Arz l'industrie de la dentelle ; l'autre, celui de son frère, qui, dit l'inscription, nommé chevalier de la Légion d'honneur étant encore en rhétorique, était né à Port-Louis le 20 mai 1797 et mourut à Paris le 16 juillet 1874. Ce fut un estimable littérateur catholique.

De l'église, dont une des façades conserve, encastré dans la muraille, un boulet lancé par un navire anglais, on a une vue admirable sur Arz et ses voisines.

Au delà d'une belle anse apparaît la jolie petite île d'Ilur, formée de deux mamelons reliés par un vallon très vert ; elle a beaucoup de vignes dont le vin est célèbre dans le pays ; au moment des vendanges, les habitants d'Arz vont à Ilur en partie de plaisir. Il est gentil tout plein, ce petit monde si mollement assis dans le golfe; en arrière apparaît Huric, toute mignonne avec son unique maison.

De l'église, un chemin nous amène, en passant près d'une fontaine, à une sorte de vallon marécageux rempli de joncs où brillent des cristaux de sel. Près de là est une aire où les femmes, seuls habitants que nous rencontrions, battent et vannent le blé. Au bord du marais, un nombreux bétail paît l'herbe rase; au sommet d'un coteau, des gamins gardent de belles chèvres blanches. Nous traversons ici, pour gagner la pointe de Liouse, la partie de l'île consacrée cette année à la culture des céréales. C'est un immense champ de chaumes. Mais à mesure qu'on avance vers le promontoire par la fastidieuse étendue des terres dépouillées, des amoncellements de pierres, des broussailles, des débris de construction remplacent les cultures. Il y eut là des monuments celtiques qui durent être importants. Une allée jadis couverte, mais dont la dalle a été enlevée, est à demi enfouie, c'est la *maison des Poulpiquets*. Çà et là de grandes dalles bornant les champs indiquent qu'il y eut en ce lieu un établissement considérable.

De la pointe de Liouse, située à l'extrémité sud

de l'île, et des bords de la baie largement ouverte que nous suivons un instant, la vue est fort gracieuse sur les îles; elle l'est moins sur l'autre côté de l'île d'Arz, où l'étang du *moulin à mer*, entouré de terres nues, sans un arbuste, produit une impression de tristesse. Plus gaie est la presqu'île de Bilihervé qui s'étale à l'est, très basse sur l'eau.

Nous revenons vers l'église; près de là, sur une sorte de terrasse circulaire d'origine évidemment celtique et transformée en aire, des femmes montées sur des chaises laissent lentement couler le blé qu'elles ont versé dans des paniers; le vent s'empare de la balle blonde et la transporte au loin pendant que le grain lourd tombe sur des draps disposés à terre. Les vanneuses, de noir vêtues, à la figure austère, ont sur ce promontoire druidique une grandeur saisissante; ce sont bien les filles des rudes et sauvages Vénètes dont chaque coup de pioche ici ou à Ilur — on y a trouvé récemment deux cercueils en pierre — fait découvrir quelques restes.

Ces méthodes antiques de vannage ne tarderont pas à disparaître; il y a déjà dans l'île une machine à battre et un tarare dont l'emploi ne tardera pas à devenir général.

La partie orientale de l'île, que je dois parcourir maintenant pour gagner la péniche, renferme plusieurs hameaux disposés presque en cercle sur les flancs d'un mamelon. Le premier village, Kernoël, a conservé les restes d'un vieux manoir entouré d'un mur à tourelles et devenu une ferme ; deux grosses tours rongées par les ans sont encore debout. Les autres hameaux, Kervic, Rude-Vent, le Lan, Quéléron, ont, autour de leurs maisons, des jardins où les arbres, assez rares, sont couverts d'une prodigieuse quantité de fruits. Tous ces villages ont une apparence de prospérité et de propreté ; le dernier, Penéreau, est même fort cossu avec ses toits d'ardoises ; il nous montre deux curiosités de l'île : LE peuplier et les deux seuls chevaux ; ceux-ci sont attelés à une charrette qui se rend au débarcadère de Beluré.

Le chemin, bien entretenu, suit une étroite péninsule, entre une haie vaseuse et des champs, jusqu'au moulin à vent de Beluré qui domine, du haut d'une butte de 6 mètres, le petit port d'Arz, où se font toutes les communications avec Vannes. Les sœurs de mon ami l'officier de marine ont voulu nous accompagner jusque-là. Pendant que la péniche pousse au large, elles retournent à Arz graves et lentes ; longtemps je puis suivre leur silhouette sur la pente douce qui, de Kernoël, monte au bourg d'Arz.

Le vent est complètement tombé, mais le courant nous porte vers la rivière de Vannes; nous passons près d'un des trois pontons de l'État, montés par un maître et quelques marins chargés de la surveillance des huîtrières. Les autres sont à l'îlot des Œufs et à Baliran, non loin de l'île Tascon. Dure surveillance, paraît-il, car nos marins ont affaire à forte partie, les gens de Séné n'ont pu comprendre encore qu'on ne veut pas laisser gaspiller la fortune du golfe; en dépit des règlements et des surveillances, ils s'en vont souvent draguer sur les bancs réservés, autour de l'île Kistinic, de l'île Plate et d'autres roches à peine perceptibles mais aussi décorées du nom d'îles; pour pouvoir leur donner la chasse, les matelots des stationnaires arment eux-mêmes des sinagos et peuvent arriver à l'improviste au milieu des ravageurs.

Ces pirates du golfe ont cependant des qualités: ce sont d'admirables marins et de rudes travailleurs, dont les sinagos parcourent sans cesse les eaux. Ces bateaux aux voiles rouges portent tous, sauf une trentaine, sur les 550 de la flottille de Séné, le nom d'un navire de la flotte. Chaque marin, en revenant du service, donne à son sinago le nom du bateau sur lequel il a servi : *Hoche, Colbert, Marceau, Primauguet* et cinquante autres.

Elles rentrent en ce moment, les barques de Séné, plusieurs longent la jolie île de Bouëte — la Boëde de la carte — aux falaises jaunes, aux mamelons arrondis, longue de 1,700 mètres. Cette île porte quelques maisons, on distingue quatre

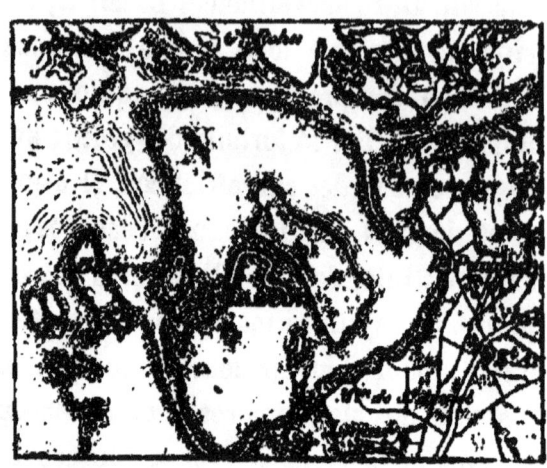

ILES TASCON ET BALIRAN

D'après la carte de l'état-major au $\frac{1}{80,000}$.

ou cinq toits, celui d'une chapelle placée à la pointe et ceux du minuscule hameau de la Métairie, assis entre deux collines hautes l'une de 11, l'autre de 15 mètres.

J'aurais voulu approcher de Boëde, mais la

nuit vient, le vent souffle à peine, le courant n'a presque plus de force, il faut armer les avirons et rentrer en rivière en frôlant Boëdic. Quelle étrange apparition ! A quelques mètres de l'île, surgit de la mer un corps de moine aux cheveux blancs, revêtu d'un capuchon. La figure est saisissante, presque terrible. Je ne puis en croire mes yeux ; est-ce que la vieille Armorique veut renouveler les prodiges de la légende ? Le patron de la péniche sourit, il fait approcher de l'apparition. C'est bien une tête de moine, mais c'est un rocher sculpté et peint. Lorsqu'on construisit la préfecture de Vannes, une parente de l'empereur Napoléon III habitait près de la ville. Pour permettre au préfet de recevoir la princesse Bacciochi, on voulut un édifice somptueux, des artistes furent appelés à l'orner. Un jour, les sculpteurs et les peintres descendirent la rivière en chaloupe. La vue de ce rocher, qu'on appelait la pointe du Moine, ayant un vague caractère d'apparition, leur donna l'idée d'accentuer encore la ressemblance ; quelques coups de ciseaux, un peu de blanc et de bistre ont fait du bloc informe une statue vivante. Pendant longtemps, cette fantaisie fut soutenue, les ponts et chaussées renouvelaient la peinture ; depuis trois ou quatre ans on a abandonné cet entretien ; c'est dommage, car à cette heure crépusculaire l'apparition est bien belle et expressive.

L'île de Boëdic s'efface peu à peu ; sur le point culminant se détache la mélancolique silhouette d'un cultivateur en costume breton ramenant du labour deux petits bœufs blancs et noirs. Entre l'île et la péninsule de Langle, les bateaux de Séné ont jeté l'ancre, c'est une forêt de petits mâts jusqu'au delà de Boëde. Nous franchissons le défilé de Conleau pour arriver à la jonction des estuaires. Celui de Séné, le matin désert, est maintenant un beau lac où reposent des barques. Avec ses roches, ses vignes, ses bois de pins, ses prairies remplies de troupeaux, ce site de Conleau est, le soir, d'une douceur et d'un charme pénétrants. Pas un souffle d'air, un grand brick a amené ses voiles et se fait remorquer par ses canots jusqu'au mouillage de l'île de Conleau. C'est le *François*, de Landerneau ; ses lourdes allures, sa coupe rustique font dire à mon équipage avec une nuance de dédain :

— Ça a été fait à Bayonne !

C'est possible, mais il est bien joli encore dans ce cadre de Conleau, avec ses multiples cordages et ses voiles à demi carguées.

La mer est étale maintenant, la nuit vient, les

rameurs de la péniche voguent avec vigueur pour gagner la ville ; déjà là-bas les becs de gaz de Vannes étincellent. Encore quelques coups d'aviron et nous sommes à quai. Adieu donc riante rivière de Vannes, îles charmantes du Morbihan, ou plutôt au revoir !

VIII

L'ILE DE GROIX

L'estuaire du Blavet. — Port-Louis. — Dans le Coureau. — Bénédiction de la mer. — Port-Tudy. — Le bourg de Groix. — La pêche dans l'île. — Le grand chalut. — Le germon et les sardines. — L'agriculture à Groix. — Les hommes à la mer, les femmes aux champs. — Le Paysan. — La Primiture. — Les grottes et les gouffres. — Trou d'Enfer. — Trou du Tonnerre. — Le Pivisi. — Le port Saint-Nicolas.

Le port de commerce de Lorient, d'ordinaire calme et mélancolique, allongeant son étroit bassin entre deux quais solennels plantés de grands ormeaux, a ce matin quelque animation. Des charrettes se rendent près d'un petit vapeur d'où s'échappe un jet de fumée blanche, et sur le pont duquel s'amoncellent des paniers. Un coup de sifflet éveille les échos de ce quartier solitaire, c'est le signal du départ. Embarque! embarque! me crie le mousse.

Et les amarres sont larguées, le petit steamer s'ébranle, passe entre les jetées et atteint le Scorff; en quelques secondes nous sommes à la jonction avec le Blavet et nous voyons étinceler les eaux de la rade de Lorient. A haute mer, avec ses promontoires déchiquetés, ses îlots pittoresques, sa petite forteresse insulaire de Saint-Michel, l'estuaire est un site maritime superbe. Peut-être, sous ce ciel perpétuellement humide, lui manque-t-il la netteté des contours et la pureté des lignes, mais les anses et les baies qui se creusent y gagnent en mystère : c'est bien une terre bretonne qui fuit sous nos yeux.

Mes compagnes de voyage, car en dehors de l'équipage il n'y a que des femmes à bord, se chargent de me le rappeler ; le bas-breton que je n'ai pas entendu à Lorient est, sur le pont du vapeur, le seul langage employé. Assises au pied des paniers de pain, de salade, de légumes qu'elles sont allées chercher sur le continent, car Groix produit peu de tout cela, les Grésillonnes jacassent avec animation, sans doute sur les chances que peut offrir aujourd'hui la pêche à la sardine.

Et les îlots et les promontoires défilent. Au delà de l'île Saint-Michel, si riante avec ses batteries ombragées et son lazaret, on découvre tout à coup la mer, entre la petite ville de Port-Louis, enfermée dans ses remparts couronnés de grands arbres, et le petit village de Larmor dont la haute flèche à crochets est, de la part des matelots, un objet de vénération. Chaque embarcation salue, en passant en vue de Larmor, et l'équipage fait une prière.

Le vapeur accoste au petit quai de Port-Louis. Encore des paniers de légumes à charger, puis on se remet en route.

La mer s'ouvre devant nous, calme, à peine ridée par les courants assez forts à cette issue du Blavet. Devant nous Groix apparaît. L'île semble un vaste plateau à peine ondulé, terminé sur la mer par de hautes falaises aux tons ardoisés, comme lavées par les lames. A mesure qu'on approche, la côte rocheuse se colore. Les assises présentent en effet une grande variété de teintes ; malgré cela, cette petite terre sans grande végétation, sauf quelques ormes souffreteux entourant le village central appelé Groix comme l'île entière, est d'aspect assez rébarbatif.

Le Coureau, c'est-à-dire le détroit entre l'île et le continent est presque désert ; à peine quelques voiles blanches de pêcheurs. Pourtant c'est un des points de nos côtes où la petite navigation est le plus active. Un compagnon de route m'aborde pour me raconter le merveilleux spectacle offert par le Coureau le jour de la Saint-Jean, quand des centaines de barques de pêche, venues de la rivière d'Étal, du Blavet, de la Leita, de Groix, de tous les petits ports de la côte, escortent une embarcation plus grande, sur laquelle un autel est disposé et d'où les clergés de l'île et des paroisses qui entourent Port-Louis procèdent à la bénédiction de la mer.

Ce doit être superbe, en effet ; mais, à cette heure, le Coureau s'étend large, désert et majestueux. La terre de Groix grandit peu à peu. Le bateau se dirige vers une indentation de la côte où deux môles trapus faits pour résister aux plus rudes assauts, abritent un petit port, si petit qu'on se demande comment le navire y tiendra. Il y tient cependant. Tout autour des roches pelées ; une usine à sardines est le seul édifice qui le borde. Tel est Port-Tudy, peut-être le plus actif de tous les ports de pêche de France, mais à cette heure il est vide.

Une route à pente raide aboutit sur le petit quai. Elle s'élève du fond d'un ravin bordé de cultures peu variées. Du blé, des pommes de terre à fleurs violettes et c'est tout. Quelques maisons proprettes la bordent ; leurs murailles abritent une végétation basse où l'on retrouve, comme dans toutes ces zones baignées par le tiède courant du gulf-stream, des plantes des pays chauds :

figuiers, lauriers-tins, etc. ; un bouquet d'ormes entoure les maisons clairsemées du bourg. Ce sont à peu près les seuls arbres de grande taille, encore l'âpre vent de mer a-t-il rongé leur ramure.

Le village n'offre rien de curieux, mais il a un air cossu. Les maisons sont propres. Pas un homme dans les rues, sauf le conducteur de la voiture qui va me conduire et le commissaire de marine qui a bien voulu m'accompagner. C'est qu'à Groix, sauf les très rares bouchers et boulangers, les douaniers et les fabricants de conserves, tous les hommes sont pêcheurs et vont continuellement à la mer. Les femmes restent seules.

Sur la butte, le bourg de Groix offre un aspect très régulier ; de l'église, située au centre, une dizaine de chemins, dont quelques-uns bien entretenus, s'étoilent dans toutes les directions de l'île. Celle-ci apparaît comme un vaste plateau couvert de moissons. Pas un arbre n'en rompt l'uniformité, mais de nombreux villages aux toits d'ardoises s'élèvent dans l'intérieur.

Nous prenons celui de ces chemins qui conduit à Port-Lay, anse sans abri qui sert cependant, avec Port-Tudy, de point d'attache à la petite flotte grésillonne. C'est une crique bordée de falaises sauvages ; un môle d'une trentaine de mètres rompt les vagues. Auprès de Port-Lay, Port-Tudy est un grand port.

Cependant ces deux méchants abris jouent un rôle considérable dans la vie de Groix. Ce sont les ports d'attache des 130 grandes chaloupes qui pratiquent la pêche au grand chalut pendant l'hiver et poursuivent le germon pendant l'été. Là encore viennent accoster les 40 embarcations qui se livrent à la pêche du homard et de la langouste et les 60 autres consacrées à la sardine et au maquereau. C'est donc près de 250 bateaux qui reviennent après la pêche à Port-Lay et à Port-Tudy, mais à d'assez longs intervalles, car le pêcheur grésillon ne se borne pas à fournir les produits de son industrie aux fabriques de conserves installées dans son île, il alimente toutes celles du littoral : on le voit accourir à la Rochelle, aux Sables-d'Olonne, à Belle-Isle, à Quiberon, à Nantes, à Port-Louis, à Douarnenez, à Brest. Leurs bateaux, remarquablement solides et rapides, sont, en réalité, la vraie demeure de ces matelots robustes et hardis. Sur les 4,935 habitants de Groix on compte plus de 1,500 inscrits maritimes, la population mâle entière, sauf les enfants.

La pêche au grand chalut, ou d'hiver, est une pêche très pénible. J'ai déjà expliqué ce qu'est le

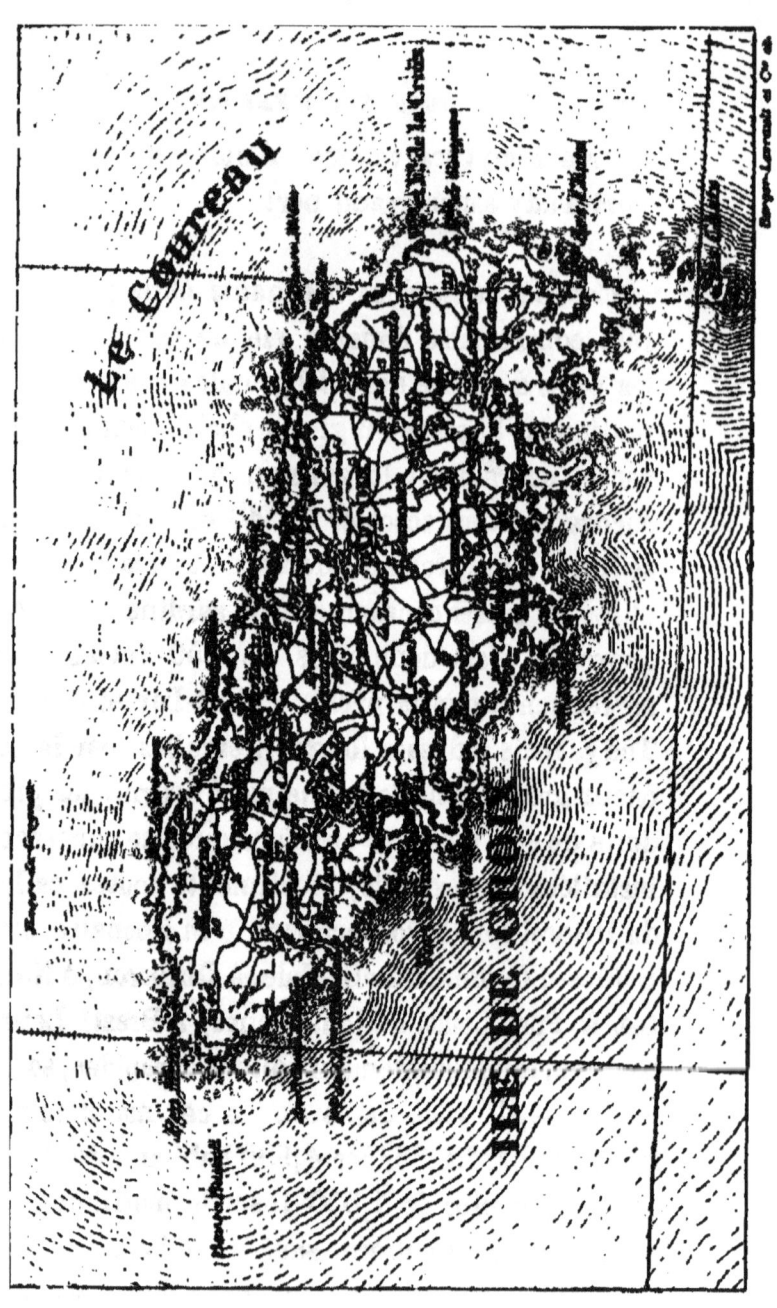

chalut : un vaste filet en forme de poche, maintenu ouvert au moyen d'une armature de forme variable et que l'on traîne sur le fond des mers. Ils sont dits à patins ou à pierre suivant la disposition adoptée pour la partie inférieure de l'armature, celle qui doit racler le fond et qui se compose d'une chaîne reliant les deux extrémités d'une perche énorme pouvant atteindre 14 à 15 mètres de longueur et d'un diamètre de 10 à 12 centimètres. Des patins en fer pesant ensemble 200 kilogrammes réunissent la perche et la chaîne, qui est elle-même d'un poids de 130 kilogrammes. Dans le chalut à pierre, les patins sont remplacés par des blocs de granit pesant 55 kilogrammes.

Cet ensemble constitue l'armature sur laquelle est fixé le filet, divisé en chambres où le poisson qui cherche à s'échapper est maintenu prisonnier.

Ces filets, dont le prix atteint de 200 à 300 fr., selon qu'ils sont de forme carrée ou pointue, sont de faible durée, à peine résistent-ils deux mois au travail qu'ils doivent exécuter.

C'est un véritable dragage du fond de la mer. La lourde machine, armée de son filet, est fixée à l'extrémité d'un câble puissant, ou fune, pesant 192 kilogrammes par cent mètres et pouvant résister à une force de 19,000 kilogrammes. On emploie aussi une fune en câble d'acier. Le filet est alors descendu, l'immersion a rarement lieu à moins de 25 ou 30 brasses (40 à 50 mètres). Afin d'assurer le traînage, on immerge trois fois plus de câble que la profondeur révélée[1].

Cette opération est longue. Sur les bateaux de Groix, chaloupes ou dundees de 20 à 25 tonneaux armées de 6 ou 7 hommes, il ne faut pas moins de 20 minutes pour descendre le chalut, mais sur les chalutiers à vapeur d'Arcachon on obtient ce résultat en cinq minutes. Elle est assez difficile selon les vents et les courants, et demande une grande habileté de la part du chef d'équipage.

Une fois le filet descendu, on le traîne sur le fond pendant de longues heures, en manœuvrant avec prudence pour éviter au chalut les secousses qui pourraient amener sa perte. Les chalutiers de l'île de Ré traînent l'appareil pendant 18 ou 20 heures, ceux de Groix font des *lands* de 12 heures. Que de craintes pendant cette opération ! Le filet peut rencontrer des roches, des bancs de coquillages, des épaves, qui sont autant de dangers pouvant rendre la pêche nulle.

---

[1]. Tous ces renseignements m'ont été fournis par le savant inspecteur des pêches, M. Georges Roché, qui a publié soit seul, soit en collaboration avec M. Odin, de très intéressantes monographies sur la pêche.

« C'est en vérité un hasardeux et dur métier que celui de nos chalutiers, dit M. Georges Roché, dont ne peuvent comprendre toute la difficulté que les gens qui ont vécu à bord des barques, de la vie même de nos marins.

« Durant les mois d'hiver où l'eau se prend en glace en tombant sur le pont du navire, où les agrès sont raidis par la gelée, on ne saurait s'imaginer les misères sans nombre des matelots. Il n'est pas rare qu'il leur faille passer trois jours sans dormir et sans manger autre chose que du pain !

« A quelque heure que ce soit du jour ou de la nuit, il leur faut passer à la manœuvre, et quelle manœuvre ! — sur une mer furieuse, tandis que le vent souffle en tempête. »

Dure manœuvre en effet pendant les terribles hivers de l'Océan, que le traînage du filet sur les fonds marins et surtout le levage du chalut. Il faut une heure et quart par beau temps, deux heures et demie à trois heures par la tempête. Encore, dit M. Roché qui a souvent participé à ces pêches, « faut-il quelquefois renoncer à lever l'appareil et se tenir au vent, mouillé sur la drague ». Sur les chalutiers à vapeur, un quart d'heure suffit.

Ce pénible métier nécessite huit à dix jours, car la pêche a lieu fort au large et on ne peut rentrer chaque jour. Le poisson est donc conservé dans la glace pilée après avoir été vidé et nettoyé.

Les chalutiers de Groix ne se bornent pas à pêcher aux abords de leur île, ils exploitent tout le golfe de Gascogne, jusqu'au cap Breton, c'est-à-dire aux abords de Bayonne. Au lieu de revenir à Groix, ils portent leurs captures à Arcachon, à La Rochelle, aux Sables-d'Olonne, au Croisic, dans le port le plus rapproché du lieu de pêche. Les poissons les plus recherchés par les chalutiers sont d'abord la sole, dont le prix est très élevé, puis le merlu. Les autres poissons, jadis dédaignés par les chalutiers, leur donnent cependant de bons bénéfices depuis que les chemins de fer permettent de les transporter dans l'intérieur : grondins, rougets, daurades, raies, etc., sont maintenant de bonne prise.

Une embarcation de Groix pour la pêche au grand chalut revient, toute gréée et prête à prendre la mer, de 12,000 à 17,000 fr. L'équipage se compose de 6 à 7 hommes pouvant gagner de 400 à 500 fr. à la part par campagne. Pour établir les parts, on en attribue quatre à l'amortissement et à l'entretien du bâtiment, le patron et les hommes ont une part chacun, le navire trois quarts et le mousse une demie. Parfois le patron touche une part et demie.

Telle est la pêche d'hiver. Pendant l'été, c'est-à-dire de juin à octobre, les mêmes embarcations, montées alors par cinq hommes, pêchent le germon. Leur zone de pêche s'est fort étendue, car elle va des îles Glénans jusqu'en Espagne.

En parlant des îles de Ré et d'Yeu, j'ai déjà dit quelques mots de cette pêche au germon. Groix est un centre bien plus considérable encore, on peut dire que c'est à cette variété de thon dont les produits sont importants, que l'île doit sa prospérité actuelle.

Le germon est un poisson dont la longueur est de près d'un mètre, remarquable par ses nageoires pectorales, très développées en forme de faux. Les naturalistes assurent même que c'est à cet appareil guerrier et à sa marche en colonnes épaisses que le germon doit son nom. Ce serait une corruption du mot anglais *warman* (homme de guerre); il serait en usage à l'île d'Yeu depuis le temps où les Anglais occupaient cette île. L'étymologie est peut-être spécieuse. Quoi qu'il en soit, le germon est un grand voyageur : on le rencontre dans l'Océan depuis le Sénégal jusque chez nous et dans la Méditerranée, en bandes immenses composées d'animaux de toute taille, depuis des germons pesant 40 à 50 kilogrammes jusqu'à d'autres de 3 kilogrammes ; la moyenne est de 5 à 8 kilogrammes. Il y a loin de tels animaux à ces énormes thons d'un bleu d'acier qu'on rencontre dans la Méditerranée.

Mais si le germon est un petit personnage auprès du thon de Marseille et d'Oran qui dépasse souvent 500 kilogrammes, il rend en somme à l'alimentation des services plus considérables par l'appoint apporté à l'industrie des conserves. Il a fort avantageusement remplacé la sardine quand cette dernière s'est éloignée en partie de nos eaux.

Cette pêche est bien plus facile que la pêche au chalut. Ici plus de lourd appareil à immerger ou à relever, plus de courses par les tempêtes hivernales. On navigue presque toujours par beau temps, on prend le germon au moyen de lignes solides tendues à des *tangons* fixés au mât et au bordage. Un fort hameçon sert à la capture. Le germon est si vorace qu'il est inutile de se mettre en frais de nourriture pour lui ; jadis on appâtait avec de la peau d'anguille salée, mais on s'est aperçu que c'était une somptuosité inutile, un simple bout de chiffon, une feuille de maïs dissimulant l'hameçon suffisent. On laisse flotter et traînant les lignes au nombre d'une dizaine si le poisson est rare, de trois ou quatre s'il est abondant, on vogue à une vitesse de 6 ou 7 nœuds. A l'extrémité de chaque perche est une sonnette ; lorsque l'animal est pris, il se débat, la sonnette tinte, on le laisse s'épuiser puis on l'amène à bord où il est ouvert, laissant échapper « une prodigieuse quantité de sang », disent MM. Roché et Odin.

La saison pendant laquelle cette pêche a lieu ne permettrait pas de conserver longtemps le poisson. Les thonniers ont été amenés alors à se grouper en *sociétés d'embarcations*, composées de six à quinze équipages. Une des embarcations, à tour de rôle, prend tout le poisson de la flottille et le porte aux usines. Cette organisation a permis aux pêcheurs de s'éloigner des côtes du Poitou et de la Biscaye, où la pêche s'était concentrée, et de l'étendre à tout le golfe de Gascogne, de la Manche à l'Espagne. Les embarcations restent en mer aussi longtemps que la pêche peut donner, grâce au système de transport du poisson et au ravitaillement assuré par l'embarcation qui, chaque jour, se rend sur la côte.

Jadis les pêcheurs de l'île d'Yeu étaient les seuls à se livrer à la capture du germon ; ce poisson, coupé en tranches et salé, était une ressource pour les populations du littoral, comme le porc l'est pour les agriculteurs, mais la découverte des procédés de conservation dits « système Appert » a tout à coup donné de la valeur à ce produit un peu dédaigné. Les Rhétois se firent enseigner la pêche au germon par leurs voisins d'Yeu. Peu à peu, tous les ports depuis l'Aunis jusqu'au Morbihan s'y livrèrent, mais c'est aux Sables-d'Olonne, à Yeu et à Groix surtout que cette industrie est devenue considérable. La part de chaque pêcheur dans les produits atteint 400 fr. Si l'on se souvient que la part atteint déjà de 400 à 500 fr. dans la pêche au chalut, on reconnaîtra que le pêcheur de Groix, tirant en outre sa nourriture de la mer et du sol, a une existence relativement heureuse.

Nous retrouverons le germon en visitant les usines. Ne quittons pas Port-Lay sans visiter les chaloupes qui pêchent les langoustes et les homards, on en compte quarante à Groix, montées par 160 hommes. Quant à la sardine qui, jadis, était poursuivie par tous les marins de l'île, elle n'occupe plus que 60 embarcations montées par 240 hommes. En dehors de la sardine, ceux-ci, au printemps, pêchent le maquereau. Auprès du germon ce sont de minces produits : la part de pêche pour les crustacés est de 140 fr. ; pour la sardine et le maquereau elle atteint 210 fr., ce serait insuffisant si les pêcheurs n'avaient pas la demi-solde de la marine.

Mais quittons Port-Lay pour remonter sur le plateau central de l'île ; un sentier abrupt nous conduit au petit hameau de Kermario et, de là, à Kerlivio, où attend notre voiture, l'unique voiture de l'île. Kerlivio est à la tête d'un ravin descendant à une anse sans abri, mais où, cependant, s'amarrent quelques barques, c'est Port-Melin.

Cette campagne est étrange. Elle est divisée en longues bandes, formant des dos d'âne très élevés, de façon à assurer l'écoulement des eaux. Ces bandes larges de 4 à 6 mètres sont appelées sillons ; elles sont la base de la propriété. En ce moment les sillons sont alternativement couverts de moissons dorées et de champs de pommes de terre. La moisson des blés et des seigles est commencée, il n'y a que des femmes sur les champs ; courbées sur le sillon, elles coupent avec une faucille et entassent les javelles. Pas un homme, pas un garçonnet. Tous sont à la mer. Dans l'île entière il n'y a qu'un homme cultivant lui-même la terre et dédaignant la mer. On ignore son nom, pour tout le monde c'est le Paysan. On parle de lui avec un certain mépris.

Les cultures de ce côté de l'île tourné vers le continent, ou *Primiture,* vont jusqu'à la falaise ; le sol, labouré par les moyens primitifs : une fourche sur laquelle les femmes semblent sauter pour enfoncer le fer, est fumé avec le varech comme à Yeu et Noirmoutier ; c'est que le bois n'est pas moins rare que dans ces îles et la bouse de vache, au lieu de servir d'engrais, est préparée comme combustible. Le goémon reçoit ici un adjuvant : les têtes de sardines et les débris de germon sont également répandus sur le sol.

J'aurais voulu voir le Paysan, connaître l'état d'âme de ce Grésillon qui, seul de sa race, méprise la mer, nous n'avons pu le joindre.

Çà et là, sur les chaumes coupés, paissent les vaches et les chevaux ; 400 têtes de chaque race à peu près sont élevées dans l'île ; avec les porcs c'est tout le cheptel de Groix.

Nous suivons ces sillons monotones, mais dont l'aspect ne manquent cependant pas de grandeur. Les hameaux sont assez nombreux. Voici Quelhuit, puis Moustero, dominant de sa butte de 50 mètres, point culminant de l'île, les deux batteries, haute et basse, du Grognon qui commandent le Coureau et croisent leux feux avec ceux de la pointe du Talud, sur le continent, pour défendre l'accès de Lorient. A partir d'ici le paysage change. Bien que la terre soit encore divisée en sillons, indice d'une ancienne culture, c'est un véritable désert, une lande rase faite d'un gazon glissant, où s'élèvent de rares touffes de genêts ou d'ajoncs courbés sous le vent de mer. Cet endroit est sinistre et charmant à la fois ; sauf le phare et un sémaphore, rien n'arrête la vue jusqu'à la mer. Ici commence la région tragique de l'île, analogue aux côtes sauvages d'Yeu et de Belle-Isle. Les vents d'ouest ont une telle violence, les embruns recouvrent si fréquemment le sol, que la culture, jadis difficile déjà, a été abandonnée quand la nouvelle loi sur la pêche a encouragé les pêcheurs à accroître leur flottille. Aujourd'hui c'est une solitude absolue.

Comme la pointe extrême de Belle-Isle, cette pointe extrême de Groix est déchiquetée par le flot, creusée d'abîmes et de grottes. La mer a miné peu à peu la falaise, s'est tracée des galeries ; le sol supérieur s'est effondré, formant des abîmes. Un de ces effondrements est appelé le Trou d'Enfer, c'est une crevasse de 7 à 8 mètres de largeur, de 60 mètres de longueur et d'une profondeur de 40 mètres. Un autre, au delà du phare s'appelle le Trou du Tonnerre. Par les gros temps, la mer, qui gronde au fond de cette cavité, est poussée par les vagues et s'élance au-dessus du sol en une gerbe de près de 30 mètres de hauteur.

Non loin de ce gigantesque évent est la grotte aux Moutons, creusée au pied d'une falaise qui supporte une lande mélancolique. Les villages ici sont loin de la côte ; ce côté de l'île s'appelle *Pivisi*.

Les falaises seraient belles si on ne venait de Belle-Isle où elles sont autrement déchiquetées. Mais Groix est un simple plateau peu ondulé, les ravins, tels que celui de Kervédan où nous voici, sont de faible étendue ; Kervédan aboutit à un petit fjord encombré de rochers, dominé par quelques hameaux et un moulin portant le nom de Pivisi, c'est-à-dire de la région occidentale. Sur les chemins poussiéreux se suivent Kerland, le Grand-Kerlo, Kerloret, bâtis sur les pentes du plus grand vallon de l'île.

Ce vallon, au fond duquel coule un mince ruisseau, est d'un aspect sauvage. Nous le descendons pendant un kilomètre et soudain apparaît un fjord étroit, profond, bordé de roches à pic hautes de plus de 40 mètres. C'est le port Saint-Nicolas, un des accidents les plus curieux de nos côtes. Une passe large de 40 mètres y donne accès, puis la fissure s'élargit peu à peu et atteint 120 mètres. Au fond, les deux vallons de Kerloret et de Québello aboutissent à des anses très étroites, mais fort longues. A marée haute, ces minces rubans d'eau claire et profonde, dans laquelle se mirent les hautes et abruptes falaises, produisent un effet magique. A marée basse, le port Saint-Nicolas se rétrécit, des grèves couvertes d'un sable grossier, où les micas, le quartz et les grenats étincellent, bordent l'entrée. On retrouve partout ces grèves, désormais, jusqu'à la pointe des Chats, limite de l'île au sud-est. Les débris qui forment ces plages sont célèbres parmi les géologues. L'un d'eux, M. Barrois, de la Faculté de Lille, compare le sable grésillon à un véritable écrin, la falaise à un agrégat de gemmes. « Mille nuances colorent le tapis où l'on marche, les minéraux les plus variés brillent dans la falaise : le mica blanc nacré s'y rencontre mélangé à du quartz, formant de belles roches blanches, argentées ; la présence du cléritoïde, du chlorite, de l'amphibole, donne naissance à des lits verts, l'épidote forme des lits jaune verdâtre, le fer magnétique ou titané donne des tons d'acier. Toute la gamme des bleus est fournie par la glaucophane ; d'un bleu indigo quand elle est seule, elle passe au bleu clair, au bleu gris, au bleu vert, au bleu violet suivant qu'elle est confusément associée aux minéraux, ou qu'elle alterne avec eux en bandes plus ou moins épaisses. Le rutile et surtout d'innombrables grenats colorent certains bancs en rouge. »

La côte s'abaisse peu à peu, abritée par les hauteurs ; la partie orientale de l'île se peuple, les hameaux s'y pressent, jusqu'au bord même de la mer ; une grande anse qui assèche en partie à mer basse, le port Kermarec, est bordée de villages : Locqueltas, Kersanec, le Stang, le petit bourg de Locmaria dont les vastes demeures couvertes d'ardoises aux reflets bleus ont un air cossu. Locmaria est un centre presque aussi considérable que le bourg de Groix, il comprend près d'un millier d'habitants sur les 4,935 de l'île.

Cette population est très considérable, eu égard à la surface de l'île qui atteint 1,476 hectares seulement, soit 15 kilomètres carrés. C'est 383 habitants par kilomètre carré, cinq fois plus que la moyenne de la France. Et cette population, malgré les dangers de la mer qui emporte chaque année des pêcheurs, ne cesse de s'accroître. Elle est particulièrement résistante, malgré la phtisie qui y a fait son apparition en même temps que la névrose chez les femmes. D'après M. Bernard, qui a publié sur Groix une intéressante et savante monographie [1], les médecins de marine attribuent ces névroses à l'absence des hommes ; pendant les tempêtes, les femmes restées seules sont en proie à d'incessantes terreurs. C'est depuis que la grande pêche au germon et au chalut a commencé,

---

[1]. *Bulletin de la Société bretonne de géographie*, 1ᵉʳ trimestre 1899.

éloignant les marins grésillons de leur île, qu'on aurait remarqué ces troubles nerveux.

Si le marin revient à de longs intervalles dans son village, c'est toujours avec joie : il a la passion de sa maison et du bout de champ que sa femme cultive. Aussi les mariages se font-ils de bonne heure. Quand la pêche a été fructueuse, on a vu jusqu'à quinze mariages à la fois entre deux embarquements. Un matelot me parlait avec admiration de ce grand « coup de bénissoir » (*sic*).

De Locmaria on aperçoit une mer sans cesse agitée sur la rangée de dangereux écueils appelés les Chats.

A partir de la pointe de ce nom, la côte remonte au nord ; des retranchements et des batteries abandonnés bordent le rivage, parmi les cultures plus florissantes ici que dans le reste de l'île ; sur le vieux fort de la Croix est un sémaphore. Les hameaux de Kerolet, de Kerampoulo, du Méné se succèdent à travers de florissantes campagnes qui doivent être au printemps un merveilleux tapis de verdure. Le Méné est un gros village bâti au-dessus d'une anse précédée d'écueils, où des barques peuvent s'abriter. C'est Port-Mélite d'où un bon chemin ramène au bourg de Groix.

J'ai préféré suivre à pied la falaise et gagner

Port-Tudy. Le petit bassin, ce matin si tranquille, est maintenant animé. Plusieurs bateaux porteurs de germons sont amarrés au quai, ils déchargent les beaux poissons qui ont perdu l'éclat métallique de leur dos bleu et sont maintenant ternes et raidis. On les porte aussitôt à l'usine qui avoisine le port. Je m'informe du prix de vente. Aujourd'hui où le poisson est assez abondant il vaut 39 fr. la douzaine, à la condition que le poids soit au moins de cinq kilogrammes pièce, au-dessous il faut donner deux thons pour un. Aussitôt à l'usine, le germon est dépouillé de sa queue, de l'abdomen, des nageoires et de la tête. Coupés en plusieurs morceaux qui sont nettoyés avec soin, les germons sont ensuite plongés dans une saumure bouillante où ils restent près de 3 heures ; retirés, nettoyés de nouveau, les fragments sont mis à l'ombre sur des claies et sèchent près de deux jours. La masse jaunit légèrement à la surface. Cette partie jaunie doit être enlevée. Alors on débite le germon en morceaux de la dimension de boîtes en fer blanc où on les place. Les boîtes sont remplies d'huile, fermées par une soudure et plongées dans des chaudières où elles sont soumises à l'ébullition pendant plusieurs heures. Désormais le germon est baptisé « thon mariné ».

On vient de retirer une boîte de la chaudière,

on me l'offre, bouillante encore. Sur le couvercle est une chaloupe battue par la mer orageuse. Au large un matelot tombé à l'eau se débat contre les vagues. Et tout autour, en légende, c'est la chanson populaire :

> C'était trois matelots de Groix
> Embarqués sur le Saint-François.

La légende tragique et narquoise sert de marque de fabrique. Elle nous rappelle, consommateurs mes frères, au prix de quelles fatigues et de quels périls les pêcheurs grésillons nous dotent de ce condiment exquis qu'on appelle le thon mariné.

Et maintenant adieu à Groix, à la terre fertile qui est une pépinière de si vaillants marins, à *Enez er Groach*, c'est-à-dire à l'île des Sorcières de la vieille Armorique. Elle s'est bientôt estompée dans le lointain. Au moment où notre vapeur pénètre dans l'estuaire du Blavet, ce n'est plus qu'un grand mur sombre sur l'or en fusion du soleil couchant.

IX

L'ILE CHEVALIER ET L'ILE TUDY.

De Concarneau à Pont-l'Abbé. — L'Ile Chevalier. — Un essai de grande culture et d'élevage. — Les fromages de Pont-l'Abbé. — L'île Garro. — L'Ile Tudy. — En route pour les Glénans.

Août 1891.

Me voici en route pour les îles Glénans ; le voyage n'a rien de particulièrement facile, cet archipel étant trop peu habité pour qu'un service régulier de bateaux ait pu s'établir. Bien mieux, il est impossible de trouver une embarcation à Concarneau ; la pêche à la sardine est abondante cette année dans ces parages, aucune chaloupe n'a voulu perdre une journée à conduire un voyageur. J'allais renoncer à l'expédition, quand j'ai songé au maire de Pont-l'Abbé, le plus Parisien des Bretons. M. le comte de Najac, agriculteur, maire et conseiller général d'une petite ville de Basse-Bretagne, est un spirituel auteur dramatique, fils d'un autre auteur dramatique demeuré quelque peu classique. Une dépêche m'a valu une immédiate réponse : j'aurai une chaloupe.

En route donc pour Pont-l'Abbé, c'est une occasion de revoir au passage les jolies vallées du Steir et de l'Odet, de visiter une fois de plus l'aimable ville de Quimper, son musée des beaux-arts, dont la richesse et le goût étonneraient fort le bon Lafontaine, contempteur de Quimper-Corentin, s'il revenait de ce monde ; son curieux musée de costumes bretons et les majestueuses allées du Mont-Frugy.

Trois quarts d'heure de chemin de fer, un chemin de fer tranquille permettant d'admirer le panorama de Quimper, un joli vallon aux eaux mutines, des coins de landes et des campagnes riantes conduisent à Pont-l'Abbé. A peine avons-nous le temps de jeter un coup d'œil sur les voyageurs aux pittoresques costumes descendus du train, M. de Najac est là, il s'empare de nous et nous emmène dans son île, car il a une île à lui, plus vaste que bien des îles du Morbihan, plus vaste que la plus grande des Glénans, c'est l'île Chevalier.

Le chemin de l'île ne nous fait pas traverser la ville, nous la verrons au retour ; il passe devant la curieuse petite église de Lambour, court entre des terres cultivées et des hameaux où des ouvriers en costume breton battent le blé à une batteuse à vapeur, ce qui est d'une étrange saveur, et nous gagnons ainsi les bords d'une vaste nappe d'eau, étranglée ici entre une île et le continent. La route se prolonge sur le chenal par une chaussée. En amont, c'est un vaste lac, aux rives capricieusement découpées ; en aval, c'est un bras de mer bordé de pins. Nous sommes dans la rivière de Pont-l'Abbé, estuaire divisé en deux parties par l'île Chevalier.

Quelques tours de roues et nous pénétrons dans l'île, près du petit hameau de Keraudren, principale agglomération de cette petite terre. Elle est charmante et bien cultivée l'île Chevalier; vaste de 100 hectares, longue de 2 kilomètres du nord au sud, large de près d'un kilomètre en amont, elle décroît régulièrement pour se terminer en pointe aiguë du côté de la mer. Là, au milieu d'un parc gracieusement dessiné, s'élève le « château » voisin du hameau de Pen-ar-Hoat.

L'île est un mamelon aux pentes douces dont le sommet est à 15 mètres au-dessus de la mer. En dehors des hameaux que j'ai cités, il y a encore Kerbihan et la Palue. Ce fut jadis un petit domaine féodal, il y reste encore des ruines, débris, disait-on jadis, d'un château de Gradlon, le légendaire roi d'Ys. En réalité, les ruines sont celles d'un couvent de Templiers, d'où serait venu le nom d'île Chevalier ou des Chevaliers. Une autre version veut qu'elle ait pris ce nom parce qu'elle était l'apanage des cadets de la famille chez les barons de Pont-l'Abbé. Les Bretons bretonnants l'appellent *Enez-Sant-Marc* (île Saint-Marc), peut-être cela vient-il du celtique *Enez Marc'h*, île du Cheval, les missionnaires chrétiens auront ajouté *Sant*. Une deuxième version rattacherait ce nom de Marc à l'une des dernières propriétaires de l'île, Louise-Marguerite de la Mark, princesse d'Arenberg. Dans un temps plus reculé, il dut y avoir un établissement druidique. M. de Najac a fait relever dans une de ses terres et placer au bord d'une allée de son parc de singuliers monolithes, ce sont deux menhirs hauts de 2^m,60 et de 1^m,50 ornés de sculptures paraissant d'origine romaine. Un savant archéologue, M. Grasset d'Orcet, affirme que ces monuments remontent à l'époque de César, c'est-à-dire au commencement du premier siècle avant notre ère. Les cannelures du plus grand, qui était placé au midi par rapport à l'autre avec lequel il formait une méridienne, indiqueraient que le cimetière — du rite ionien — était consacré à la divinité représentée par ce menhir.

« Le nom de cette divinité, a dit M. G. d'Orcet à M. de Najac, varie jusqu'à l'infini. Cependant il est probable que la vôtre se nommait Ion, patron des Ioniens et du mois de Juin, en breton *Even*. Sa femme, représentée par le petit menhir, avait nom Hélin, ou la Grande-Ourse. »

Après les Romains, les ducs bretons en firent un de leurs séjours, on y voit encore les vestiges d'une maison de campagne qu'ils y auraient possédée. Les thaumaturges armoricains remplacèrent alors les divinités druidiques. Il y a 40 ans ont disparu les vestiges d'une chapelle consacrée au plus célèbre de ces apôtres saint Gildas ou Gueltas dont le nom revient si souvent dans l'histoire de la Bretagne. On n'a conservé de ce petit temple construit près des deux menhirs et entouré par le cimetière, qu'une statuette de bois peint représentant un moine vêtu de rouge, portant sur la poitrine la croix blanche des chevaliers de Malte.

Ces souvenirs ont été pieusement recueillis par M. le comte de Najac. Mais, ce qui vaut mieux encore, l'île est devenue pour cette partie de la Cornouailles une sorte de champ d'expérience agricole. Les terres sont soumises à une exploitation intensive qui contraste avec les cultures un peu rudimentaires des environs, les prairies soigneusement amendées sont pacagées par un bétail bien soigné et approprié au climat.

La race bovine qu'on élève dans cette partie du Finistère est remarquable par sa petitesse, sa rusticité et ses qualités laitières. Elle a généralement une robe pie-noire. Une petite vache bretonne donne 1,200 litres de lait par an, c'est beaucoup pour le peu qu'elle consomme. Avec 26 litres de lait on a 3 litres 1/2 de crème ou 1 kilogr. de beurre. Le propriétaire de l'île Chevalier a entrepris de fabriquer des fromages avec le lait de ses vaches. Ses débuts l'encouragent à poursuivre dans cette voie. Ses fromages sont de deux sortes : l'un rond, est une façon de Camembert ; l'autre carré, rappelle le *Pont-l'Évêque*. Le *Pont-l'Abbé*, sans avoir la prétention de rivaliser avec son chef hiérarchique, espère obtenir une petite place dans l'estime des gourmets.

C'est une tentative d'autant plus intéressante qu'elle est plus rare dans cette partie de la Bretagne.

Le batelier qui devait nous conduire aux Glénans habite l'île Tudy, terre jadis insulaire, rattachée au continent et située de l'autre côté de l'estuaire. Le lendemain matin, nous nous embarquons pour ce voyage, le ciel est gris, une pluie fine tombe ; au large quelques lames apparaissent. Tout semble faire prévoir une traversée

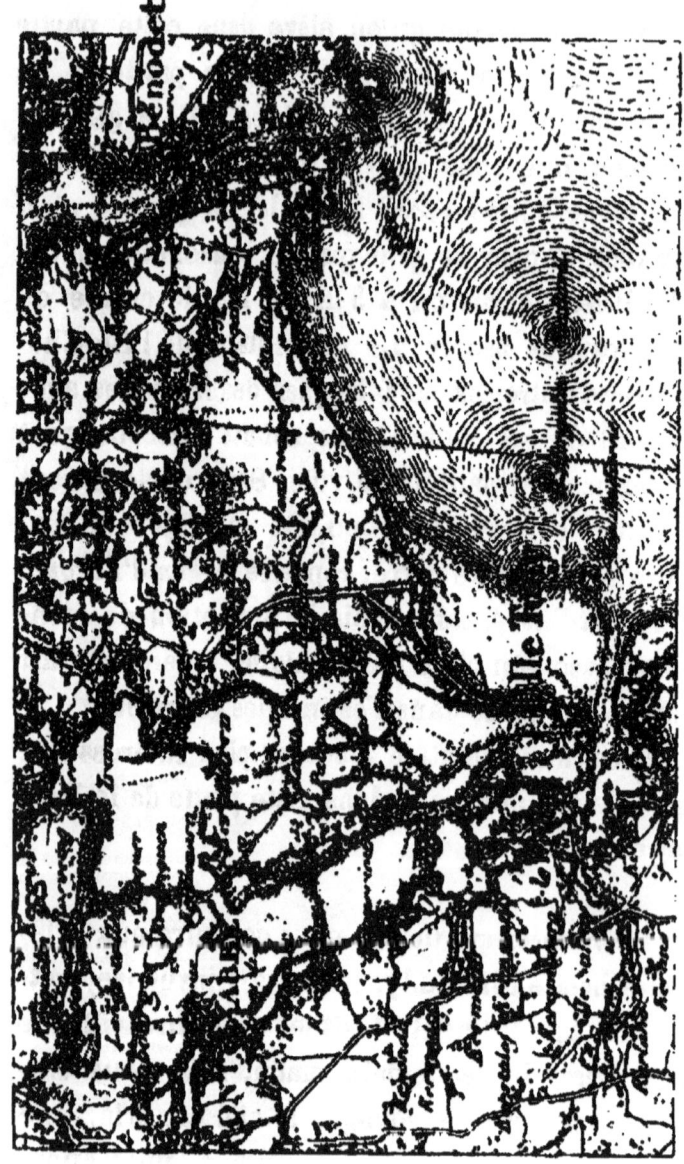

L'ILE CHEVALIER ET L'ILE TUDY

D'après la carte de l'état-major au $\frac{1}{80,000}$.

maussade, sinon désagréable ; nos aimables hôtes veulent garder Pierre, mais l'enfant, malgré le tribut déjà payé à la mer et qu'il pourrait renouveler, veut venir avec moi. En route donc ; la barque de M. de Najac nous prend au petit débarcadère de l'île et nous nous dirigeons vers l'île Tudy, qui nous fait face, à un kilomètre à peine. Le village aligne sur une plage basse des maisons blanches à un seul rez-de-chaussée, dominées par la flèche grêle de son église et les vastes bâtiments d'une usine à sardines. L'île Tudy est un des centres sardiniers de Bretagne.

Les femmes et les enfants se livrent à la pêche du bigorneau ou bittorine, ce petit coquillage noir qu'on trouve sur toutes les tables d'hôte de Bretagne et de Normandie et dont il se fait même une consommation assez grande à Paris. Le bigorneau se mange au moyen d'une épingle servant à extraire le mollusque de sa coquille, ces épingles, fixées encore au papier rose où les ont disposées les ouvrières de Laigle et placées devant les convives, sont le complément ordinaire des couverts sur les tables bretonnes.

Malgré l'énorme quantité de bigorneaux qui se consomme, ce n'est pas un commerce bien florissant, on les vend à l'île Tudy 50 centimes le baril de 33 kilogrammes ! On juge de ce que peut gagner une femme à cette pêche. Il est vrai qu'à Paris on les paie aux Halles 60 centimes le kilogramme, les intermédiaires prélèvent donc un énorme bénéfice. L'emballage demande peu de soin, on en met jusqu'à 100 kilogrammes dans un sac, sous cette forme on les expédie dans tout l'ouest.

Un autre produit abondant est le congre. Ce poisson, semblable à une anguille mais fort laid, est assez peu recherché dans les villes, on le consomme surtout sur la côte même, où il fait l'élément principal de la soupe au poisson. Mais les Basques en sont friands, les pêcheurs de l'île Tudy le font sécher et l'envoient dans cet état à Bayonne et en Espagne.

La traversée est courte; malgré la bruine elle est délicieuse. Cet estuaire de Pont-l'Abbé est un des plus beaux de Bretagne, grâce aux îles boisées qui émergent des flots. En face de Queffen, un îlot couvert de pins semble une corbeille de verdure; plus vaste, ombragée par les arbres d'un parc, égayée par un château, est l'île Garro, longue d'un kilomètre. Les rivages, très découpés, semés de villages et de bouquets de bois, forment un cadre heureux à la vaste baie. Au fond, en face de l'île Tudy, est le gros bourg de Loctudy, dont l'église est une des plus célèbres de la Bretagne et qui devient une station balnéaire, un grand nombre de villas se construisent chaque année sur cette pointe occidentale de la presqu'île de Penmarc'h.

L'île Tudy s'avance comme pour former l'estuaire. Elle méritait jadis ce nom d'île, mais des digues et des jetées l'ont reliée à la côte formée de dunes et d'atterrissements qui sépare l'estuaire de Pont-l'Abbé de celui de Bénodet. Cette roche étroite de mille mètres d'étendue à peine, large de cinquante à cent mètres, n'en reste pas moins une île, tant les sables voisins paraissent la séparer du monde. Aujourd'hui, avec les usines à sardines, l'arrivée de la voie ferrée à Pont-l'Abbé et la création d'une station balnéaire à Loctudy, ce coin d'Armorique se civilise ; il y a des bricks et des goélettes à l'ancre, à côté des chaloupes de pêche, mais il n'en était pas de même il y a cent ans. Dans son curieux voyage dans le Finistère accompli en 1794 et dont le récit restera la première en date de nos grandes monographies départementales, Cambry[1] fait des habitants un tableau assez noir : « Les habitants de l'île Tudy,

---

[1]. Cambry, membre du conseil du département, avait été chargé de constater l'état politique, moral et statistique du Finistère. Il devint préfet de l'Oise sous l'Empire.

dans la rivière de Pont-l'Abbé, existent dans un pays qui ne leur offre aucune espèce de production ; ils ne vivent que de poissons, ils sont grands, ne s'allient qu'entre eux. Ils ont communément l'œil bleu, les sourcils et les cheveux noirs ; les femmes, au milieu de l'hiver, sont dans l'eau jusqu'à la moitié du corps pour ramasser des huîtres, des chevrettes, des moules. Trois heures avant le jour, dans les temps les plus froids, mouillées, sans feu, elles attendent l'heure du marché sous la halle de Pont-l'Abbé. Comme tous les peuples isolés, les pêcheurs de l'île Tudy méprisent les autres hommes ; ils sont très vains, très fiers, on dit d'eux en proverbe :

Ar gurunen a glour.
Ils sont couronnés de gloire.

« Leur île n'a pas une demi-lieue de tour. L'État ne leur donne aucun secours, ils sont pourtant utiles et pilotes, on devrait leur donner des vivres qu'on distribue dans l'île de Sein. »

Quarante ans après encore, ce tableau restait vrai ; le chevalier de Fréminville, qui publiait en 1836 une nouvelle édition annotée du voyage de Cambry, se bornait à ajouter :

« On devrait surtout établir un bac qui permît de communiquer aisément et à toute heure avec la terre ferme, où les habitants de l'île, qui est entièrement dépourvue d'eau douce, sont obligés d'aller chercher celle nécessaire à leurs besoins. »

Ce tableau a bien changé : une route relie maintenant l'île Tudy à l'intérieur, les atterrissements, les sables ont rattaché l'île à la terre ferme ; l'hiver, cependant, la traversée des marais est parfois difficile, mais la dune littorale est continue jusqu'à l'embouchure de l'Odet. Ces changements ont été assez rapides pour que les instructions pour la navigation de l'estuaire de Pont-l'Abbé donnent déjà à l'île une longueur de 2,500 mètres sur une largeur moyenne de 150. Un petit port a été construit, complétant ainsi l'excellente rade d'échouage de l'île Tudy. On avait déjà créé une cale de 60 mètres de long et deux quais de 17 et 40 mètres accessibles aux barques, un autre quai de 130 mètres de long avec un terre-plein de 25 mètres est venu offrir des facilités nouvelles au commerce. Aussi l'isolement qui donnait jadis tant d'originalité à Port-Tudy a-t-il cessé. Le village est propre ; pour ses 1,000 habitants, il y a quatre épiceries et deux hôtels ; des parcs à huîtres y prospèrent. La mode, qui lance en ce moment les plages de Bénodet et de Loctudy, modifiera peut-être davantage encore cette langue de terre dont nos grands-pères parlaient comme d'une île sauvage et abandonnée du ciel. La description de Cambry en dit long sur l'isolement de cette île sans ressources, il l'appelle « peuple isolé » et cependant six kilomètres seulement la séparent de Pont-l'Abbé, dont il vantait ainsi la richesse :

« Ses environs sont d'une incroyable fécondité; c'est un pays de promission ; outre le froment qu'on y recueille en abondance, on y trouve beaucoup d'orge, de blé noir et d'avoine ; on pourrait y soigner de très belles prairies qu'on néglige ; on vante les beurres de ce pays, les fruits de toute espèce y sont délicieux et très communs, cerises, pêches, abricots, figues, etc. ; les jardins, couverts de choux, d'oignons, de haricots, d'asperges, de melons, d'artichauts, de panais, sont très nombreux. Pour obtenir ces riches productions, il ne faut qu'effleurer la terre ; les fruits et les légumes de ce canton devancent d'un mois la maturité de ceux du canton de Quimper, qui n'est éloigné que de trois lieues ; on sent que les cultivateurs y vivent avec plus d'aisance. Le maire de Pont-l'Abbé m'a dit avoir mesuré dans les campagnes des artichauts de 21 pouces de circonférence et des choux-fleurs de 15 à 16 pouces de diamètre; les étrangers ont peine à concevoir cette différence entre les productions de terrains qui se touchent; on n'imagine pas la chaleur, la fécondité des terres qui bordent nos rivages. »

L'aspect de cet estuaire baigné par les effluves du gulf-stream répond encore à ce tableau enchanteur ; le bon Cambry, s'il revenait au monde, y ajouterait quelques notes pour les villas éparses dans la verdure.

On en juge bien, surtout, lorsqu'on est en rade. La chaloupe qui nous conduira aux Glénans y est ancrée, un canot nous y conduit. En quelques minutes, la voile est hissée ; le patron, le brave père Maurin, et son matelot lèvent la pierre et le jas de bois qui servent d'ancre et nous voilà en route. Derrière, nous laissons Loctudy, ses villas, ses châteaux, le petit phare assis à l'entrée de la rivière et faisant face au phare de Bénodet. L'île Tudy, protégée du côté de la mer par une digue, s'abaisse peu à peu. La pluie cesse, un coup de vent chasse les nuées et voici enfin, immense et bleue, mais agitée par la houle, la mer couverte d'une innombrable flottille, ce sont les bateaux de l'île Tudy et de Concarneau qui pêchent la sardine ; au loin, bien loin, les roches des Glénans où nous pousse la brise.

X

ARCHIPEL DES GLÉNANS

L'Ile aux Moutons. — Castel-Bras. — L'Ile Drennec. — La Chambre. — L'Ile Saint-Nicolas. — L'Ile Bananec. — Ile Cigogne. — Ile Guignenec. — Ile du Loch. — Ile Guiautec. — Ile Penfret. — En route pour Concarneau.

Août 1891.

En avant de la flottille, se balançant sur la lame, une belle goélette de Jersey est à l'ancre ; à l'extrême limite de l'horizon deux longues bandes de noire fumée s'étalent sur l'océan ; les yeux exercés du patron ont reconnu la fumée de torpilleurs venant de Brest.

A mesure que la côte de Penmarc'h se déroule devant nous, le nombre des voiles de sardiniers augmente, courant jusqu'auprès des innombrables écueils dont ces parages sont semés. Aux 70 chaloupes de l'île Tudy sont jointes celles de Penmarc'h et une partie de celles de Douarnenez. Douarnenez ne se borne pas à cette côte bretonne, ses pêcheurs essaiment au loin, jusqu'aux Sables-d'Olonne. Plus casaniers les bateaux d'Audierne ne dépassent même pas la pointe de Penmarc'h, ils restent près de leur port, aucun ne pêche en vue des Glénans. Quant aux bateaux de Concarneau, ils sont entre les îles et leur point d'attache.

L'activité est grande dans la flottille ; après avoir été faible au début, la prise de la sardine commence enfin à devenir satisfaisante. En ce moment le mille vaut 21 fr. à l'usine de Port-Tudy, il atteint 25 fr. à Concarneau. La pêche d'aujourd'hui est commencée, les bateaux ont abattu la voile et mis les filets à la mer, c'est à la rame que sont conduites les chaloupes. Nous approchons d'elles, notre embarcation coupe la première ligne qui s'étend entre les Glénans et nous. Je voudrais avoir des détails sur la pêche ; les marins interpellés ne répondent pas, ils sont de Douarnenez et ne daignent pas écouter des voyageurs de l'île Tudy.

Le vent a fraîchi ; maintenant que nous manque l'abri de la presqu'île de Penmarc'h, la brise arrive avec violence du raz de Sein. Nul ne s'en plaint à bord ; rapidement poussés, nous voyons grandir l'archipel. Déjà nous voici en face de l'île aux Moutons, formant avec les écueils voisins un petit archipel à part. C'est une roche gazonnée, n'ayant pas même deux cents mètres dans sa plus grande étendue. Un phare s'y dresse ; au-dessous est la maison des gardiens ; des écueils sur lesquels la lame bondit entourent ce triste séjour. L'île aux Moutons, me dit le père Maurin, avait jadis les animaux qui lui ont valu ce nom, mais les rats ont pullulé et ils ont mangé béliers, brebis et agneaux. Peut-être a-t-on exagéré le drame.

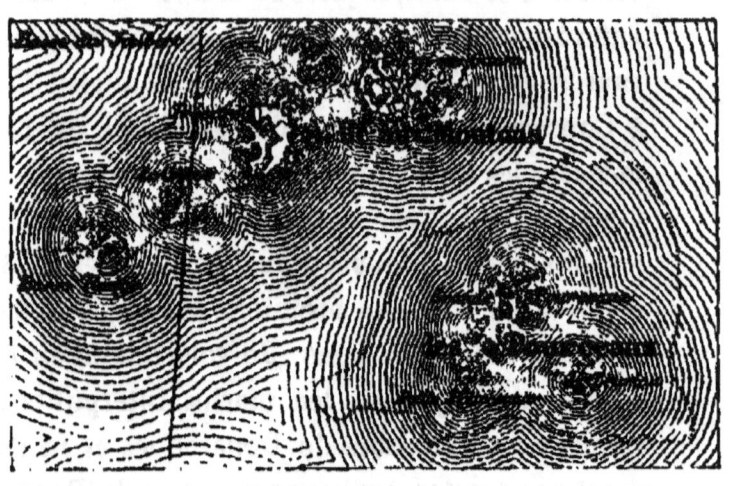

L'ILE AUX MOUTONS ET LES POURCEAUX

D'après la carte de l'état-major au $\frac{1}{80,000}$.

Les roches des Glénans grandissent, elles sont innombrables; il en est de hautes, de basses, de plates, de bosselées, il y a des aiguilles et des « platures » sur lesquelles s'étalent les lames. La plupart sont jaunies par les varechs et dressent au-dessus de la ligne régulière des végétations marines leur tête grise et nue.

Précédé par des rochers bas, voici, de ce côté oriental, un écueil placé comme en sentinelle, c'est le Grand-Château — Castel-Bras — étroit plateau gazonné sur lequel deux rochers, semblables à des dolmens, se dressent; à côté c'est *Castel-Bihan* ou le Petit-Château.

Pour pénétrer dans l'intérieur de l'archipel, nous avons dérivé à l'est afin d'éviter les écueils et atteindre la Chambre par une mer relativement libre. La Chambre est une rade circonscrite par les îles les plus considérables du groupe et au milieu de laquelle se dresse, sur la très petite île Cigogne, le fort de ce nom. Les îles sont assez basses; aussi l'attention est-elle attirée d'abord par une cheminée d'usine qui se dresse dans l'île du Loch, c'est une fabrique de soude abandonnée.

Le vent est contraire, il a fallu amener les voiles; la chaloupe avance à l'aviron dans cette rade étrange entourée de tant d'îles nues, couvertes d'un gazon court. Devant nous voici Saint-Nicolas avec une belle maison blanche à toit d'ardoises, puis le rocher de Cigogne et les talus réguliers du fort.

L'île de Guignenec, près de laquelle nous passons, se compose de deux mamelons herbeux reliés par une langue de rochers. Sur l'un des monticules est une maison d'aspect lugubre. Elle est habitée pendant trois mois de l'année par les récolteurs et les brûleurs de varechs qui viennent fabriquer la soude.

L'île de DRENNEC est plus triste encore d'aspect, elle a cependant de beaux pâturages, le beurre que produisent ses troupeaux a quelque réputation dont ne sont pas médiocrement fiers ses sept habitants ; nous passons près d'elle pour aller accoster la jetée à demi ruinée de l'île Saint-Nicolas.

L'île SAINT-NICOLAS, sinon la plus grande, au moins la plus active du groupe, est le centre de la pêche dans l'archipel. A notre arrivée, une barque vient à notre rencontre, elle est conduite par quatre enfants, ramant déjà comme de vieux marins. Ce sont deux petits-fils du père Maurin et deux enfants de la ferme. Le père Maurin veut cacher son émotion, mais le brave homme est si heureux d'avoir eu à conduire quelqu'un à l'île Saint-Nicolas ! Son gendre est le gardien du vivier à homards et langoustes célèbre dans toute la Bretagne par ses dimensions, où 35,000 de ces crustacés peuvent être placés. En ce moment le vivier, en réparation, est vide, mais lorsqu'on l'a peuplé, soit avec la pêche des Glénans, soit avec les langoustes amenées d'Espagne, le spectacle de toutes ces antennes formant des buissons mouvants dans l'énorme bassin doit être des plus curieux. Pour le moment, il n'y a d'autres langoustes — aux Glénans on les appelle des écrevisses — que celles renfermées dans des coffres flottant au large de l'île. En nous apercevant, le gardien du vivier, qui est en même temps le maître d'hôtel des Glénans, est allé chercher un de ces crustacés : ce sera, avec une omelette, le déjeuner le plus complet que puisse offrir l'île.

Pendant qu'un feu de varechs et de bois flotté apporté par les courants fait chauffer le court bouillon où cuira la pauvre *écrevisse,* nous allons visiter l'île et ses annexes. C'est un coin de terre bien exigu et bien nu ; il n'a pas, cependant, la tristesse qu'on s'attend à y trouver ; le cortège d'îles et d'îlots qui l'entourent lui ôte un peu de sa solitude. L'île n'a pas plus de 800 mètres de longueur sur 300 de largeur, mais, à mer basse, des plages de sable grossier mêlé de coquillages innombrables et de débris de madrépores la relient à l'île Branec, minuscule mamelon herbeux, et à l'île Bananec, un peu plus étendue.

L'île Bananec se présente sous la forme d'un coteau mouvementé : c'est par là que nous commencerons notre visite, la mer étant basse. La laisse de sable est très étroite, très courte, quelques secondes suffisent pour la franchir. Nous voici sur Bananec, c'est une dune recouverte de gazon où paissent de belles vaches nonchalantes. Ces bêtes se sont pliées à leur milieu ; chaque matin elles quittent leurs étables pour se rendre à Bananec. Si la mer est haute, elles se jettent à la nage et gagnent leur pâturage. De même au retour. Le gazon qu'elles paissent est parsemé de grandes tiges de moutardes ; une immortelle, abondante aux Glénans — à l'île du Loch surtout — et qu'on vient chercher du continent, croît sur les flancs des dunes, le feuillage en est presque blanc, il est revêtu d'un duvet laineux et velouté, la fleur, d'un jaune tirant sur l'orange, a une odeur de miel.

Bananec a peut-être été habitée jadis : à la pointe qui regarde le continent, il y a des traces de construction éparses dans les fougères, entre les fosses où, la saison venue, on brûlera le varech pour en extraire la soude. Du point culminant, on a sur tout l'archipel une vue mélancolique, que les ruines industrielles de l'île du Loch rendent plus saisissante encore. Mais si l'on regarde du côté de la grande terre, le panorama prend une ampleur superbe : toute la côte bretonne apparaît, de l'île de Groix aux abords d'Ouessant ; quelques collines ont l'apparence de montagnes. La belle croupe du Mené-Hom, ce géant de la Cornouailles, vue d'ici, est d'une réelle majesté.

Par la plage d'un beau sable fin, coupée de plateaux de rochers couverts de varech, nous revenons à l'île Saint-Nicolas ; une dune étroite forme bourrelet sur le rivage et limite les pâtures. Au milieu d'une prairie sont les restes d'un dolmen : trois pierres debout autour d'une fosse, la table a disparu. Cette prairie, envahie par la fougère, s'abaisse vers l'intérieur de l'île où la ferme occupe la partie la plus basse, comme pour s'abriter des vents ; ferme misérable bâtie de blocs de granit moussu. Devant la porte, des porcs se vautrent dans la boue. L'intérieur ressemble à celui des autres maisons bretonnes : des meubles simples, mais garnis de clous de cuivre poli, des cloisons brunies par la fumée et des lits en armoire. Au delà de la cour sont les trois arbres de l'île : des figuiers noueux à la vaste ramure, croissant au bord d'un champ. L'île produit quelque peu de blé, des pommes de terre et des choux à haute tige, mais tout cela serait insuffisant pour nourrir les habitants, qui ne peuvent

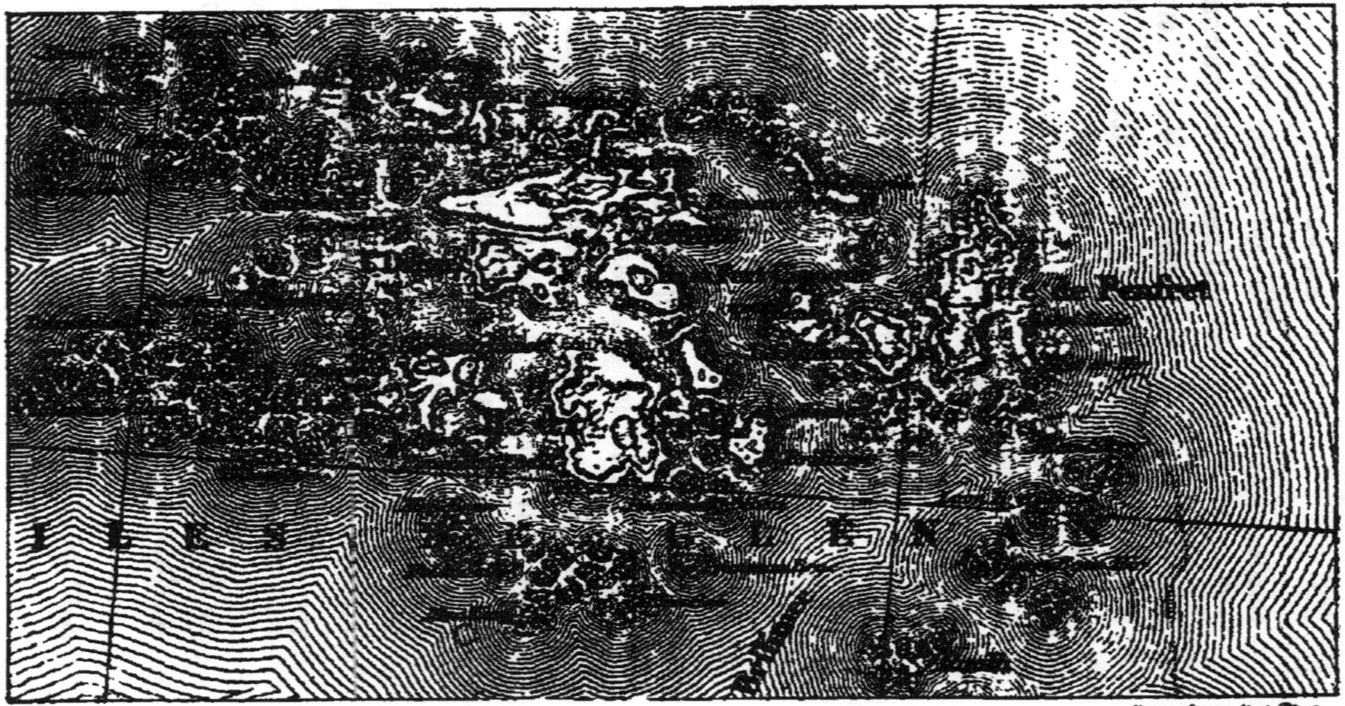

Berger-Levrault et Cie sc.

même payer leur fermage, sans la mer qui fournit du poisson, des crabes et des coquillages. Les jours de grand gala, un peu de porc et de la volaille sont ajoutés au menu.

35 habitants vivent à Saint-Nicolas. Le gardien du vivier, sa femme, ses enfants, et, à la ferme, deux ménages. Les autres habitants sont des pêcheurs qui ont construit, près du vivier, au-dessus de la jetée, une des plus étranges cahutes qu'on puisse rêver. Avec des débris d'embarcation, des bois flottés, des toiles goudronnées, ils ont bâti une longue baraque dans laquelle ils ont installé un mobilier sommaire, meubles primitifs et grabats. Partout, aux parois, sont des filets, des casiers à homards et à langoustes, des lignes. Les habitants de ce bizarre établissement n'ont pas d'autre demeure, ils y restent si peu d'ailleurs ! Sans cesse en mer sur leurs barques, ils vont de Sein à Audierne, de Concarneau à Douarnenez, pêchent un peu de tout, mais reviennent toujours à leurs âpres flots des Glénans où, d'ailleurs, abondent les crustacés et où les bahots prennent souvent de grosses pièces que l'on trouve à vendre dans les villes du continent. Encore ceux-là sont-ils des bourgeois en quelque sorte, grâce à leur baraque de l'île Saint-Nicolas ; bien d'autres indigènes des Glénans sont de vrais nomades pas-

sant leur vie presque entière dans des chaloupes.

— Allons, me crie le père Maurin, l'écrevisse est cuite !

Elle est énorme cette langouste ; sur la table recouverte d'une nappe bise elle produit un superbe effet de nature morte. J'avais acheté à Port-Tudy, à tout hasard, malgré le patron qui m'assurait qu'on trouvait *de tout* aux Glénans, un pain immense ; bien m'en a pris : on n'a pas cuit de pain depuis quelques jours à Saint-Nicolas, on en est réduit à une galette dure comme du granit. C'eût été dommage, une si belle écrevisse, une si vaste omelette et du beurre si fin de Drennec !

Pendant le repas, je fais causer le père Maurin sur la vie dans les Glénans ; son récit est bien simple. On pêche, on mange, on reçoit des crustacés apportés par les pêcheurs de Pont-l'Abbé, de Concarneau, d'autres ports voisins ou d'Espagne ; on les parque pour les livrer à la consommation à mesure des besoins. Puis c'est l'incinération des varechs. L'hiver, quand le vent est trop violent, quand les lames menacent de tout emporter, on reste enfermé. Pour distraction, on a parfois la relâche des bateaux dans la Chambre. Ni église, ni école. Je ne sais où les écrivains qui ont parlé des Glénans ont vu une église à

Saint-Nicolas, il n'y a jamais rien eu de semblable ; il est question de faire une chapelle ; mais quand la commune de Fouesnant, dont les îles dépendent, pourra-t-elle s'occuper de cela ?

D'école, pas davantage. A l'île Penfret, les gardiens du phare et du sémaphore se sont improvisés instituteurs pour leurs enfants, ceux des fermiers et des pêcheurs nomades ; à Saint-Nicolas, rien. Il n'y a qu'une école, professionnelle, rude et pratique, c'est la mer : elle fait de si hardis marins.

Un homme de cœur, un véritable apôtre, avait voulu arracher les habitants des Glénans à leur sauvagerie, c'était l'abbé du Maralhac'h qui, vers 1871, s'installa dans l'île du Loch, y construisit de ses mains une chapelle, entretint un cimetière et s'efforça d'instruire les enfants. M. du Maralhac'h est mort il y a une douzaine d'années ; sa chapelle est en ruines, personne n'a pris la suite de son apostolat.

M. du Maralhac'h avait un rang dans le monde ; mais la même année il perdit sa femme et son enfant ; désespéré, il entra au séminaire et résolut de se vouer au service des humbles. Il semble qu'il n'ait guère été compris aux Glénans ; on allait à la messe, on écoutait ses sermons, car on était Breton ; mais là se bornaient les désirs de civilisation. L'abbé vécut plus solitaire aux Glénans qu'il ne l'espérait même. Les habitants parlent de lui sans la moindre émotion. Je n'ai su de l'apôtre que ceci : c'était un pêcheur infatigable. Peut-être est-ce un grand éloge dans la bouche des pêcheurs des Glénans.

Les habitants n'ont d'ailleurs aucune tradition, ils se sont installés là depuis un temps relativement court. Cambry visita les îles en 1794 ; il n'y avait alors aucune population, sinon les cinquante hommes de la garnison du fort Cigogne, chargés d'empêcher les corsaires anglais d'occuper l'archipel ; mais on trouvait des traces d'habitation, à Saint-Nicolas surtout. Des forbans s'y étaient réfugiés pendant les guerres d'Amérique. Les îles servaient simplement de lieu de repos et de mouillage aux pêcheurs de ces parages. Aucune culture ; pourtant, disait Cambry, les terres de Saint-Nicolas « porteraient de beaux grains et d'excellents légumes ». Le propriétaire des Glénans, le citoyen K..., pourrait, en temps de paix, en tirer un grand parti, il se contente d'y élever quelques bestiaux et d'y faire de la soude ; de grands troupeaux s'y nourriraient. On y pourrait établir des presses et des magasins, saler, sécher une prodigieuse quantité de poissons, récolter les plus beaux froments, cultiver les meilleurs légumes ; l'asperge y croît spontanément ; une multitude de lapins vivaient sur ces îles il n'y a pas trente ans ; on en trouve, mais en moins grande quantité. La cane royale, le plus bel oiseau de l'Europe, paraît naturel à ces îles.

« Elles furent habitées jadis ; des marins attestent avoir vu, à une demi-lieue dans l'ouest de l'île aux Moutons, un mur, une grande voûte faite de main d'homme à 26 pieds de profondeur sous l'eau, on ne les aperçoit que dans les plus grands calmes. Dans l'étang de l'île du Loch, ils ont vu des pierres druidiques. »

Ce tableau de l'état des Glénans il y a cent ans n'a guère changé ; la création des phares et des sémaphores dans ces parages, le développement de la pêche grâce aux chemins de fer et à la vapeur qui amènent rapidement le poisson au loin ont amené une population dans l'archipel, 90 habitants environ. Mais le rêve de Cambry est loin d'être réalisé : si la culture est venue, elle est par trop primitive. Pourtant, dans ce climat humide et doux, où les figuiers ont pu atteindre les dimensions de ceux de Saint-Nicolas, il serait facile de transformer les îles en bouquets de verdure. Quel sanatorium vaudrait jamais ces terres aux belles plages, baignées incessamment par la mer !

En route pour l'île du Loch, c'est-à-dire pour l'île de l'*Étang*. La mer a monté, nous retrouvons le vent favorable ; rapidement nous passons entre les murailles abandonnées du fort Cigogne, où il n'y a plus ni canons, ni soldats et qui sert simplement de résidence temporaire aux savants professeurs ou étudiants du laboratoire de Concarneau, lorsqu'ils viennent étudier la faune maritime. En face l'île Drennec, absolument nue de ce côté, les deux masures qui forment le *village* sont sinistres d'aspect.

L'île du Loch apparaît, plateau triste entouré de roches basses couvertes de varech, la mer n'est pas assez haute encore pour que nous puissions facilement débarquer ; une petite anse où les canots trouvent quelque abri nous évite le ressac, mais il faut s'aider des pieds et des mains pour dépasser la plature où de visqueux goëmons s'opposent à la marche. Enfin voici le sol sec, rochers recouverts de dunes. O le triste séjour ! L'île est un plateau où les sables accumulés par le vent et recouverts d'herbes ont l'aspect de vagues solidifiées. Le père Maurin nous sert de guide ; il me conduit aux restes de la chapelle construite par M. du Maralhac'h, tout en trouvant étrange notre idée de visiter de telles choses. Douze ans à peine ont passé, il ne reste rien que des murs informes à hauteur d'homme, blocs de granit maçonnés avec de l'argile. L'édifice était plus haut, il avait une charpente et un toit de carton bitumé ; le vent a emporté le toit, les hommes ont pris la charpente, les portes et les fenêtres pour les brûler, et la nature a fait son œuvre : pierres après pierres sont tombés les matériaux patiemment accumulés par l'apôtre des Glénans. De sa demeure voisine de la chapelle, rien même n'est resté. Ces débris informes dans le creux des dunes sont lamentables.

Plus lamentables encore sont, à côté, les tombes des habitants et des naufragés. M. du Maralhac'h avait eu la pieuse pensée de leur faire un cimetière, il avait soigné les tombes, planté des croix noires au-dessus de ces morts connus ou des anonymes rejetés par la mer. Lui décédé, les croix pourrissent, se brisent, jonchent la terre. Tous ceux qui ont vu ce cimetière des Glénans ont eu le cœur serré. Un peintre qui avait passé une saison dans les îles a fait un tableau, aujourd'hui en Amérique, représentant ces navrantes sépultures. La maquette existe encore à la maison-auberge de Saint-Nicolas, peinte sur les panneaux de la salle à manger ; j'en ai relevé les lignes sur mon carnet de notes : ce croquis donne assez bien l'aspect *linéaire* du lieu, mais il ne saurait en rendre l'impression pénible et angoissante. Il faut avoir parcouru l'île morne du Loch pour la comprendre.

Nous suivons un chemin dans les dunes, couvertes des immortelles laineuses que j'ai déjà rencontrées à l'île Bananec et d'une sorte de grand pavot jaune à tige presque blanche, au feuillage

métallique. Voici l'étang qui a donné son nom à l'île, il est enfermé entre les dunes, au-dessus d'une baie morne. Cette nappe d'eau sans vie, encombrée de joncs et de roseaux, est d'une inexprimable mélancolie. Tout autour, sur les dunes, sont des fosses à brûler le varech ; pendant la saison où cette opération a lieu, l'île doit disparaître sous un nuage de fumée.

Enfin, voici un peu de vie : il y a un coin de pâturage vert, où paissent des chevaux, puis c'est la ferme, entourée de murs gris en pierres sèches, où courent les lézards, premiers animaux sauvages que nous rencontrions dans ces îles. La ferme est basse, mais bien tenue, elle fait face à de vastes étables. Des bandes d'oies, des porcs nous accueillent par leurs cris et leurs grognements.

La maison d'habitation est rustiquement meublée, mais très proprement tenue, les habitants — il y en a onze en tout au Loch — nous accueillent avec cordialité.

Tout autour de la maison, les champs cultivés sont vastes; il règne là quelque apparence d'aisance, mais l'étang sans vie et les débris de l'usine à soude impriment au voisinage de la ferme la plus douloureuse tristesse.

Au delà des bâtiments, l'île finit par un chaos de blocs de granit. On pourrait croire que la mer, dans un moment de colère, a retroussé sur ce rivage les rochers qui la gênaient. Mais ces blocs sont les restes d'un établissement celtique considérable. Beaucoup de pierres creusées, beaucoup d'autres recouvrant des fosses indiquent les sépultures d'une tribu nombreuse. Évidemment, ces îles presque désertes ont été peuplées, les innombrables rochers des Glénans devaient faire partie d'une terre aujourd'hui disparue, s'étendant peut-être jusqu'à la pointe de Penmarc'h.

Au delà, la mer s'étend sans limite; à peine de

rares écueils : Prunenou-Bras, Men-Goé, Men-Liou, Folavoalh, les Belvidigens et la Jument, nom donné à tant de récifs. La côte de Groix et celle de Lorient se perdent au loin dans l'infini des horizons.

Nous traversons de nouveau l'île en longeant le rivage, de ce côté mis à nu par les lames monstrueuses jetées sur le plateau. Dans ces roches fendues, torturées, rongées, s'ouvre une sorte d'anse bien fermée, à sec à mer basse, sur les bords de laquelle abondent les immortelles des Glénans. J'en ramasse un bouquet avant de rejoindre la chaloupe par les plateaux de varechs plus dangereux encore à descendre qu'à gravir. Enfin, nous voici embarqués, mais la sortie ne va pas sans difficulté, tant la profondeur est faible et les roches cachées nombreuses.

Nous filons d'îlot en îlot; un seul a quelque verdure, c'est Guiautec, long de 500 mètres, large de 200; on conduit parfois le bétail sur ces pelouses remplies d'herbes. Les autres îlots sont des rochers nus, aux formes étranges, entourés d'une laisse de sable éblouissant. De loin, sur ce sable, on dirait une foule affairée, vêtue de noir, fouillant la plage en ordre régulier. En approchant, on s'aperçoit que ce sont des cormorans, seuls maîtres et habitants de ces infimes archipels. Ces rochers sont les *Méaban*, voisins de Penfret, où nous pouvons atterrir près d'un petit débarcadère.

L'île de PENFRET est la plus vaste du groupe, sa longueur est de 1,600 mètres, sa largeur de 500. Les hautes constructions du phare et du sémaphore lui donnent un aspect plus vivant que ses voisines. La petite cale où nous débarquons est animée en ce moment par la présence d'une grosse embarcation qui charge des pierres destinées à la construction d'un nouveau phare à Penmarc'h. Le granit de Penfret se débite facilement ; les abords de la cale sont devenus une carrière où l'on extrait la roche. Au-dessus se dressent des blocs énormes que les intempéries ont fouillés, on dirait des monuments mégalithiques. Entre ces rochers qui font de sauvages abords à l'île, des chevaux paissent une herbe savoureuse.

De ce point, on aperçoit l'île entière : c'est un plateau légèrement ondulé terminé au nord par une haute butte rocheuse sur laquelle est le phare, tour carrée, d'un blanc éblouissant, haute de 22 mètres, construite à l'intérieur d'une batterie abandonnée. Le feu, de 3ᵉ ordre, est à 41 mètres au-dessus des basses mers, 36 au-dessus des hautes mers et porte à 17 milles ses éclats de 4 en 4 minutes. La maison d'habitation des gardiens et de leurs familles est au centre de l'île, abritée des grands vents ; elle est d'aspect riant avec son rez-de-chaussée soigneusement blanchi, ses mansardes et les volets bruns des fenêtres. Plus loin est la ferme, vaste maison basse entourée de masures servant d'étables, d'écurie ou de logements pour les pêcheurs de Penfret, qui font quelques armements. Le dernier groupe d'habitants est au sémaphore. En tout 37 personnes résident à Penfret : 13 à la ferme, 11 au sémaphore, 13 dans la maison des gardiens du phare. Les enfants sont nombreux, ils ont une mine superbe faisant honneur à l'air et au lait de Penfret.

Dans une prairie paissent sept ou huit vaches ; près de là s'étendent les cultures assez peu importantes. On n'a pas tiré du sol le parti qu'on aurait pu, les ajoncs en recouvrent une grande partie.

Du sémaphore la vue est immense ; cette île avancée de l'archipel a devant elle, jusqu'au continent, une mer absolument libre, tandis que, vers l'Océan on découvre toutes les Glénans : îles, îlots, milliers de roches de toute forme hérissant un vaste espace. Du côté du continent, la côte entre Concarneau et Lorient apparaît entière et l'on distingue fort nettement l'île de Groix.

Mais il est l'heure de partir, le vent n'a pas cessé de souffler du nord-ouest ; le patron m'annonce qu'il faudra louvoyer et tirer des bordées pour atteindre la rivière de Pont-l'Abbé. Même nous ne pourrons guère arriver à l'île Tudy avant minuit au plus tôt, et il n'est que trois heures. Nous n'avons pas de vivres à bord et il n'y a pas de pain à acheter à Penfret. Pierre pâlit en pensant à ce long jeûne et à la nuit à passer en mer. Le gardien du sémaphore, à qui nous remettons une dépêche pour signaler notre tardive arrivée, nous conseille de faire voile pour Concarneau où le vent peut nous conduire en deux ou trois heures. L'idée est bonne et mise à exécution aussitôt. Nous traversons de nouveau l'île par les champs et les landes pour gagner la cale. L'ancre est dérapée, la voile hissée ; nous passons encore une fois devant Guiautec et mettons le cap droit sur Concarneau qu'on devine vaguement au nord-nord-est et dont nous sépare une mer assez agitée, couverte par des centaines de bateaux pêcheurs. Nous allons traverser la flottille de Concarneau.

XI

LA VILLE-CLOSE DE CONCARNEAU

En mer. — La pêche à la sardine. — Concarneau. — La salaison
et la confiserie. — L'île de la Ville-Close.

Nous avons le temps de nous exercer à la patience. Notre traversée, si rapide pour aller aux Glénans, sera longue pour le retour, malgré les courants qui portent vers la baie de la Forest ; le vent nous prend par le travers et oblige la chaloupe à donner de la bande. Toutefois cette brise de nord-ouest nous pousse, c'est le principal. Les Glénans s'effacent peu à peu, leurs passes disparaissent, ce n'est plus qu'une masse sombre sur la face de l'Océan, d'où émerge seule la tour carrée du phare. Au loin, l'île aux Moutons se distingue vaguement.

A mesure que nous avançons, la côte continentale grandit. Bientôt nous atteignons les premières chaloupes de pêche, elles sont innombrables dans ce détroit ; de la pointe de Mousterlin à l'île de

Groix, il y en a plus d'un millier. Concarneau seule a 500 voiles ; Port-Louis et Groix en envoient peut-être un nombre pareil. Déjà une multitude de ces barques rentrent au port, la marée monte et va remplir les bassins.

Ces voiles qui retournent au port, je les vis partir hier soir ; pendant toute la journée, j'avais couru le port de Concarneau sans trouver un pêcheur pour me conduire aux Glénans. Chenal autour de la Ville-Close, bassins, abris, présentent le plus vivant aspect. Cinq à six cents bateaux de pêche étaient là, leurs filets roux ou bleus pendant au grand mât pour sécher. De la plupart montait une fumée légère ; le mousse faisait cuire sur un foyer primitif, composé d'un vieux gril à frire les sardines, la soupe au poisson, peu appétissant mélange d'oignons et de morceaux de poisson dans lequel domine le congre. Ce mélange, versé sur du pain noir, est la bouillabaisse de Bretagne ; elle ne vaut pas celle de Provence.

En même temps, on emmagasinait à bord l'eau douce en baril et la rogue pour la pêche, c'est-à-dire l'appât fait d'œufs de morue venus de Norvège et de débris de sardines.

Au point du jour, la mer étant déjà montée, les filets ont été amenés et remplacés par de hautes

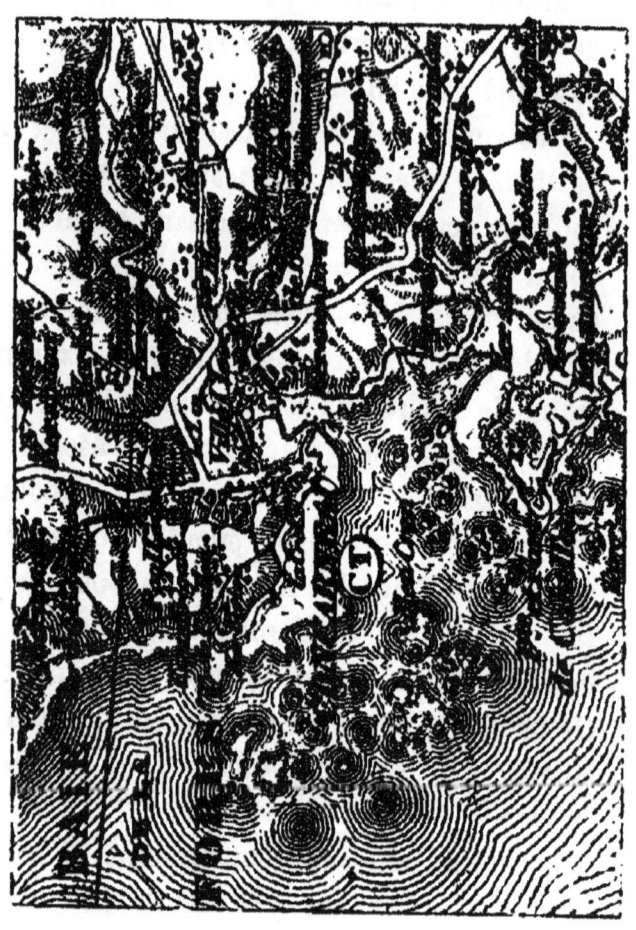

LA VILLE-CLOSE DE CONCARNEAU

voiles brunes, puis chaque embarcation a doublé le musoir de la jetée et est sortie en rade. Une interminable file de voiles est passée ainsi ; par centaines, elles se sont dirigées vers le *Cochon*, écueil signalé par une bouée rouge, et ont alors essaimé sur toute la mer ; aussi loin que l'œil pouvait regarder, ce n'étaient que voiles rouges, capricieusement penchées par le vent. Ces bateaux, je les retrouve au large maintenant, les uns rentrant au port, les moins heureux poursuivant la pêche. Nous pouvons les suivre facilement. Des indices ont fait deviner aux pêcheurs la présence des sardines. On sème la rogue pour appâter. Les voiles sont amenées, les filets sont mis à l'eau, leurs plaques de liège font des lignes sinueuses sur le flot bleu. De toutes parts accourent les mouettes et les goëlands, espérant une part de curée.

Les embarcations marchent maintenant à la rame, traînant le filet, pendant qu'à l'arrière un homme de l'équipage achève de jeter la rogue. Déjà des bateaux ont dû prendre des sardines ; autour d'eux les oiseaux tournent, nombreux. Chaque fois qu'une sardine croit s'échapper du filet en bondissant sur le bord, un agile cormoran ou un goëland hardi fond sur elle et l'enlève avant même qu'elle ait touché l'eau ; alors, entre tous ces pirates ailés, ce sont des combats sans fin pour arracher au premier sa proie.

Peu à peu les sardines s'accumulent au fond du bateau. Quelques navires les comptent par milliers, d'autres sont réduits à quelques centaines. La rogue s'épuise dans les barils, la mer descendra bientôt, il faut gagner le port. Et c'est alors que de tous points de l'horizon les voiles rousses affluent, couvrant la mer pour venir une à une dans le port de Concarneau.

Nous prenons la file parmi ces belles chaloupes aux voiles rousses, le courant qui porte dans la baie nous conduit, bientôt nous doublons le musoir de la jetée et venons accoster à quai avec une partie des barques de pêche alors que les autres, plus pressées sans doute, jettent l'ancre dans l'avant-port; aussitôt, de chaque barque, un système de va-et-vient est organisé, les sardines comptées sont mises en paniers, lavées dans la mer, en répandant un nuage d'écailles argentées, et hissées sur la jetée, où les marchandes de sardines salées s'en emparent, pendant que d'autres sont portées soit à la poissonnerie, soit pour la plus grande partie dans les *confiseries*.

Concarneau est une des villes qui possèdent le plus d'établissements de ce genre. Puisque j'ai la chance de tomber en pleine pêche et de pouvoir assister aux opérations que je n'ai pu voir de l'île d'Yeu[1], je me mets derrière des porteuses pour suivre les jolis poissons dans leurs dernières transformations. Les sardines salées le sont fort simplement. D'abord répandues sur les tables de marbre de la poissonnerie et légèrement saupoudrées de sel, elles sont vendues à la criée aux marchandes qui les rangent dans des paniers et les séparent par des couches de sel.

A la confiserie, c'est plus compliqué. Des femmes, des jeunes filles prennent les poissons, leur coupent la tête et les vident. On les met ensuite pendant deux heures dans un bain de saumure très concentrée, d'où on les retire pour les disposer sur des grils, que je ne saurais mieux comparer, pour la forme générale, qu'à ces paniers de fil de fer où les ménagères mettent les verres rincés. Mais au lieu de trous ronds, ce sont de petites cases où les sardines sont placées la queue en l'air. Ces paniers, une fois garnis, sont mis à l'air pour sécher et égoutter.

Lorsqu'ils sont égouttés, les paniers et leur contenu sont plongés dans des récipients pleins

---

1. Voir dans le 3º volume, page 175, le chapitre consacré à l'île d'Yeu.

d'huile bouillante, où ils resteront trois ou quatre minutes. La sardine est alors cuite, on fait égoutter de nouveau.

Le poisson arrive dans un autre atelier. Des piles de boîtes sont prêtes, des femmes y empilent les sardines dans l'ordre que vous admirez tant, mesdames ; puis les boîtes sont portées dans un nouvel atelier où on les dépose dans de grands bacs de métal. Quand ceux-ci sont remplis, on amène de l'huile jusqu'en haut ; les boîtes se remplissent ainsi. Le bac est vidé par un robinet, les boîtes égouttent peu à peu. On les prend, on les porte à des femmes qui y mettent le couvercle et le soudent au moyen de fers chauffés au gaz.

Ce n'est pas fini. Les boîtes ainsi closes sont soumises à l'ébullition dans l'eau. Après cette opération seulement, bien polies par un frottement dans la sciure de bois, elles sont mises en caisses et expédiées à Nantes, d'où elles se répandront dans le monde entier.

Concarneau est devenu, par la pêche, une ville populeuse ; si elle a débordé l'étroite enceinte de l'île où elle était jadis enfermée, elle le doit à la sardine, elle le doit aussi à l'invention des conserves ; jadis la sardine était simplement salée et pressée en barils ; les années de grande abondance on en faisait de l'huile.

Concarneau, sauf ces usines qui répandent dans l'air un parfum des moins délicats, il faut bien le dire, n'a que deux curiosités : son laboratoire de zoologie marine et la Ville-Close, c'est-à-dire la ville primitive bâtie dans une île. Ce caractère insulaire du vieux Concarneau me permet de donner place à cette ville dans un livre consacré à nos îles.

La *Ville-Close* n'est pas en pleine mer, elle est entourée par les eaux d'un petit estuaire. C'est une des plus petites îles de ces parages, à peine plus grande que l'île Verte ou l'île Raguenez, rochers inhabités qui gisent à une dizaine de milles au sud-ouest, non loin de la rivière de Pont-Aven. Mais c'est une des plus pittoresques par la ceinture de remparts de granit qui enserre le Concarneau primitif. Elle a 400 mètres de longueur à peine et se compose d'une seule rue, aux maisons de hauteur médiocre, séparées de la muraille par d'étroits jardinets. De grosses tours baignent dans la mer, reliée par une courtine qu'on a malheureusement découronnée de ses créneaux pour la rendre accessible au canon. Cette île fortifiée, baignée deux fois par jour par la marée, entourée de vase à mer basse, est le monument militaire le plus curieux de la Bretagne ; malgré la petite garnison qui l'occupe, elle est aujourd'hui sans utilité pour la défense, mais elle doit être précieusement gardée, au même titre qu'Aigues-Mortes ou Saint-Malo. Hélas! combien sont laids les bastions ajoutés aux corps de place et combien les tours ont perdu en se voyant décapitées pour servir d'assiette à des batteries.

Du haut des remparts de la Ville-Close, dont on peut faire le tour, on plonge d'un côté sur l'intérieur des maisons, fort pauvres, habitées par des marins; de l'autre, on a vue sur le port ou plutôt sur les ports. L'estuaire entier sert d'abri aux navires et aux barques, trop nombreuses pour tenir toutes dans le petit bassin et à l'abri de la jetée qui arrête les lames refoulées dans la baie. A haute mer, c'est charmant, mais quand le flot s'est retiré, les immenses bancs de vase molle jonchés de détritus de ménage sont horribles; au grand soleil, il s'exhale d'atroces odeurs.

Le laboratoire, œuvre de l'illustre M. Coste, à qui l'on doit l'élevage rationnel des huîtres, est en dehors de l'estuaire, à front de mer; des bassins y conservent les animaux destinés aux expériences. D'autres bassins, moins vastes que le vivier des Glénans, sont des dépôts de langoustes. Au fond de l'eau transparente et sur les parois, ces crustacés vont et viennent, agitant leurs longues antennes, inquiets de se sentir ainsi emprisonnés. La visite au vivier est une des grandes distractions des baigneurs.

La plage est près du vivier; pour s'y rendre, on passe sur une grève où se déversent les égouts nauséabonds des usines et où des roches bizarres attirent l'attention ; ce sont des blocs de fer singulièrement composés de filaments plats, très compacts et durs. Les visiteurs croient y voir une mine de fer; grande est leur erreur, ce sont les débris de fer-blanc provenant des découpures pour la fabrication des boîtes à sardines ; ces débris ont été comme soudés par la rouille et ont formé ces assises de fer natif dont la contexture étonnera fort les géologues des âges futurs.

C'est fête aujourd'hui à Concarneau, à l'occasion des régates qui ont eu lieu la veille. Sur la place, près d'une fontaine où les pêcheurs viennent remplir leurs tonnelets, deux ménétriers sont assis sur des tonneaux; l'un joue du biniou, l'autre de la musette. Ils s'accompagnent en frappant du talon. C'est une musique aigrelette et douce, pleine d'une mélancolie subtile. Des groupes de marins et de sardinières, des paysans et des paysannes revêtus de costumes éclatants, où dominent ceux de Pont-Aven et de Pont-l'Abbé, exécutent des danses évidemment très vieilles. Et c'est sur cette place exiguë, devant le port rempli de centaines de voiles rousses et les remparts rébarbatifs de la Ville-Close, comme un réveil de l'antique Bretagne. Le sifflet de la locomotive qui va nous emmener et l'odeur des confiseries de sardines troublent un peu ce rêve.

XII

L'ILE DE SEIN

De Quimper à Douarnenez. — Douarnenez et l'île Tristan. — Pont-Croix et Audierne. — La pointe du Raz. — Traversée du Raz. — Le bourg de Sein. — Dans l'île. — Du haut du phare. — Le phare de l'Armen. — Les raz de marée. — Une population de sauveteurs.

Audierne, août 1894.

La Cornouailles, entre Quimper et Douarnenez, est une des contrées les plus agrestes de la Bretagne. Le massif de hauteurs sur lequel monte la voie ferrée est très accidenté, très découpé; les formes en sont très variées, les eaux abondantes coulent en de jolies vallées, formant parfois de petites chutes. On est ici dans le voisinage du Mené-Hom, le géant des monts de Bretagne vers la mer.

Le chemin de fer à voie normale s'arrête à Douarnenez, le plus important de nos ports de pêche, celui où se pressent en plus grand nombre les bateaux pour la capture de la sardine, et aussi une des plus insignifiantes villes de Bretagne, malgré ses neuf mille habitants. Cela ressemble à quelque banale ville industrielle du Nord. Mais Douarnenez a l'un des plus merveilleux paysages de mer que l'on puisse rencontrer. Son immense baie est bordée de hautes collines dominées par la masse imposante du Mené-Hom, ses rives harmonieuses la font ressembler, les jours de pur soleil, à quelque golfe de la Méditerranée. Le site même de la ville, cette coupure profonde de la rivière de Poul-David, franchie par un pont sous lequel peuvent passer des navires, est superbe ; les rives hardiment découpées, creusées de baies entourées de verdure, au sommet des collines la belle flèche de l'église de Ploaré, complètent un harmonieux ensemble.

En avant, gardant l'entrée du petit estuaire, s'élève un étroit îlot supportant un fort aujourd'hui déclassé, c'est l'île Tristan, fort pittoresque par ses constructions en amphithéâtre et la tour blanche de son phare. Ce rocher, où l'on peut se rendre à pied à mer basse, est fameux dans l'histoire de Bretagne ; là se fortifia un féroce bandit, Guy Eder, baron de Fontenelle, qui, sous prétexte de défendre la Ligue, commit les pires crimes. Malgré sa noblesse, il fut rompu vif en place de Grève.

L'îlot est une gracieuse promenade ; du sommet

du phare, on a une vue merveilleuse sur l'admirable golfe à qui il ne manque qu'un ciel limpide et transparent pour être une des plus belles choses du monde. En face, Douarnenez en amphithéâtre, ses ports remplis de barques, sa verdure luxuriante. Le panorama découvert de l'île Tristan est le plus grandiose de toute la Bretagne, grâce à l'opulence de la végétation, aux heureux contours du golfe et au décor du Mené-Hom.

De Douarnenez, un petit chemin de fer à voie étroite conduit à Audierne ; il ouvre à l'activité, on pourrait dire à la civilisation, la presqu'île du Raz, jadis la plus farouche partie de l'Armorique. C'est dans un wagon de cette ligne mignonne que nous gagnons Audierne. Le ciel est gris, des nuages bas enveloppent le paysage ; notre locomotive, au lieu du sifflet strident, possède une sirène dont les rugissements rauques éveillent de lugubres échos. Le train court au sein de landes monotones, fleuries de bruyères ; elles cessent près de Poullan, dont l'église, vue d'ici, est curieuse, avec son balcon en encorbellement et sa flèche ajourée. Au delà, dans les arbres, se cache le petit château de Kervenargan où les Girondins proscrits Barbaroux, Louvet, Roujoux, Buzot, Pétion et Guadet trouvèrent un asile. Puis les landes recommencent, parfois transformées en bois de pins. Maintenant la voie descend rapidement vers un fleuve large, aux eaux tranquilles, couvertes de voiles, qui coule au pied d'une petite ville groupée autour d'une haute flèche d'église. Le fleuve est l'estuaire de Goayen, la ville est Pont-Croix, chef-lieu du canton qui comprend presque toute la presqu'île. Le val du Goayen, très boisé sur la rive droite, est nu sur la rive gauche; ce contraste et la tranquillité de la nappe d'eau font de l'estuaire un site charmant, mais d'un charme bien particulier. A mesure qu'on avance le paysage s'anime, le fleuve sinue entre de hautes collines couvertes de hameaux. Tout à coup, au delà d'un pont de fer, il s'élargit, forme comme un vaste lac bordé de quais, de hautes maisons et rempli de bateaux. Nous sommes à Audierne.

O la curieuse petite ville, avec ses hautes collines, ses rues en pente, l'animation de son port, sa plage solitaire bordée de dunes qui ferment une des baies les plus inhospitalières de nos côtes!

La mer est haute au moment où nous descendons du train; la chaloupe qui fait le service de l'île de Sein est à quai, me dit-on; je pourrai aller prendre passage pour m'embarquer demain. Je trouve le patron et son équipage occupés à charger leur petit navire. La brume descend, le patron m'assure que peut-être demain elle sera intense et le voyage présentera bien des péripéties. On sortira du port, mais si la brume est trop forte au delà du musoir de la jetée, il faudra attendre plusieurs heures avant de pouvoir affronter les courants du raz de Sein.

D'autres marins me confirment ces prévisions fâcheuses. Pour tous la journée sera sombre et le bateau-poste ne pourra peut-être pas faire la traversée. Légèrement déçu, je vais jusqu'à la jetée en suivant la digue très longue qui court au pied de hauts rochers où sont établies les confiseries de sardines. On ne m'a pas trompé : sur la mer plane une brume opaque, on entend le grondement des vagues sur la côte, mais à peine aperçoit-on au musoir la petite tourelle du feu de port. Les pêcheurs qui lèvent leurs lignes hochent la tête. Il fera triste demain sur la mer du Raz.

Indécis sur ce que je dois faire, je rentre à l'hôtel, un de ces hôtels bretons de la côte où l'on s'entend à taxer le « service » que l'on ne fait pas. Après avoir consulté le baromètre et la carte, je me décide pour aller le lendemain à la pointe du Raz ; parfois, me dit-on, il y a des pêcheurs de Sein qui consentent à prendre des passagers.

Le lendemain matin, je suis debout avant le jour. Le brouillard est opaque, il se résout en pluie. Navré, je me décide cependant à réveiller mon petit Pierre, qui s'habille en frissonnant. Une voiture étrange, qui a dû servir jadis au roi Gradlon, stationne dans la rue. Cette caisse grinçante, à peine suspendue, formée de planches mal jointes, va nous conduire au Raz.

En route ! Le carrosse gravit péniblement un interminable faubourg pour atteindre un plateau où nous roulons dans le brouillard. Celui-ci semble cependant vouloir s'éclaircir un peu; au pied d'une côte, il se fait comme une déchirure dans cette nappe d'ouate et la mer nous apparaît ; nous côtoyons une anse profonde appelée le Loch et, de nouveau, nous voici à gravir une côte pour courir ensuite sur le plateau. Une douce brise balaie la brume et nous apercevons tout à coup sous nos pieds la verdoyante et mélancolique vallée de Plogoff. Voici Plogoff à la flèche ajourée, puis une succession de hameaux semés dans un morne paysage sans arbres. Le sol est exploité pour fournir des mottes de gazon qui, séchées, seront du combustible. Des tas se dressent de chaque côté de la route ; un de ces amas, contenant 60 ou 80 mottes, vaut quarante sous le tas.

Le village misérable de Lescoff, de si farouche aspect, est le dernier de la presqu'île. Au delà de ce hameau, qui conserve encore un beau menhir, le pays n'est plus qu'un étroit plateau entre la baie des Trépassés et la baie d'Audierne, où les tas de mottes de gazon sont l'unique accident du sol. Au fond, la maison basse et les étranges agrès du sémaphore; plus loin, la tour carrée de l'ancien phare du Raz.

On est habitué ici à voir des visiteurs; à peine notre carriole a-t-elle été aperçue et déjà le gardien du sémaphore est arrivé pour nous conduire à la pointe du Raz; des pêcheurs, des paysans surviennent à leur tour, quelques-uns ont couru à notre suite depuis le village de Lescoff: ce sont autant de guides qui veulent nous accompagner aux sites que la légende a rendus célèbres. Nous n'avons que l'embarras du choix; là-bas sont les vestiges de la ville d'Ys engloutie pour punir les péchés de Dahut, fille du roi Gradlon; ici, c'est l'enfer de Plogoff et ses roches terrifiantes. Mais je n'ai guère le temps de faire ces promenades classiques, je veux voir le panorama du Raz de Sein et atteindre l'île.

Le phare est abandonné aujourd'hui, on a reporté sur un des innombrables écueils du Raz le feu qui, si longtemps, éclaira ce dangereux passage. Mais les constructions adventives servent

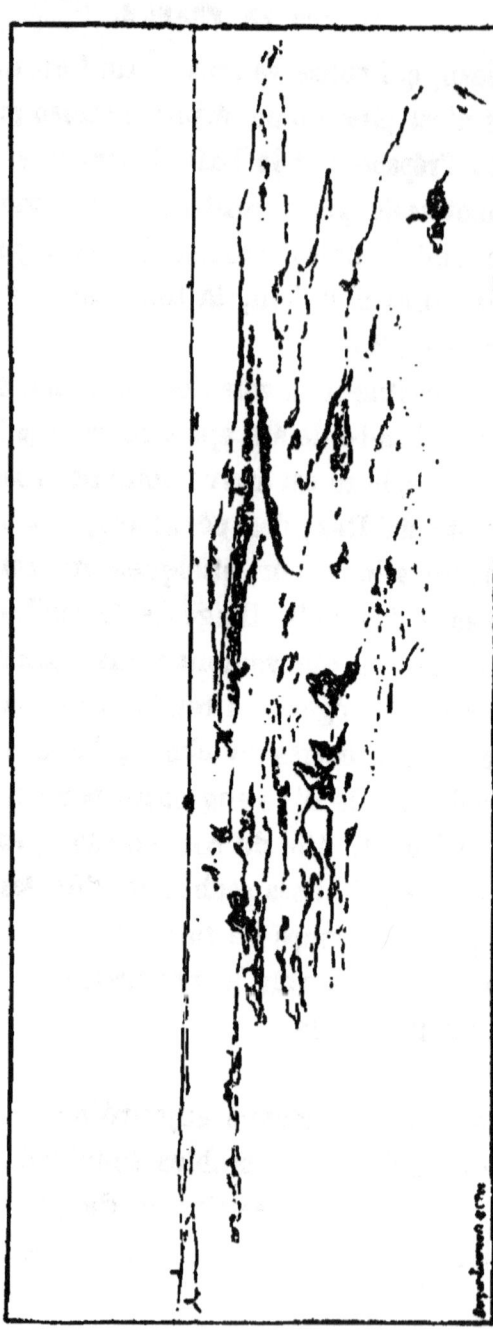

VUE PANORAMIQUE DE L'ILE DE SEIN ET DU RAZ, PRISE DU PHARE

encore de logement aux familles des gardiens du nouveau phare ; ceux-ci passent un mois à surveiller le feu et viennent ensuite à terre pendant quinze jours.

La vue, du sommet de la tour, est une des plus grandioses que l'on puisse imaginer. J'ai la bonne fortune d'avoir maintenant un ciel pur, la brume a été emportée par un coup de vent et un horizon de mer sans limite apparaît. La pointe du Raz semble s'élancer, mince pointe de roche entre les baies larges et sévères de Douarnenez et d'Audierne ; elle se prolonge à l'ouest par une rangée d'innombrables écueils sur lesquels le flot jaillit en vagues blanches ; au milieu de ces roches dont on ne saurait faire le compte, débris évident d'une plus grande terre, surgit, basse et grise sur l'eau, l'île de Sein. Au centre, une ligne de maisons blanches borde le rivage, c'est le village de Sein. Malgré le soleil, malgré le ciel bleu, malgré l'inattendu assoupissement de la mer, c'est un asile morose que cette terre sans verdure en ce moment, perdue entre tant de formidables écueils. Dominant l'île, se dresse la tour blanche d'un phare dont le sommet a été peint en noir pour servir d'*amer* aux navigateurs.

Au delà de l'île, les roches surgissent jusqu'aux extrêmes limites de l'horizon ; sur l'une d'elles se dresse le phare d'Ar-Men, une des œuvres les plus étonnantes du génie humain.

A nos pieds, un second phare, la *Vieille,* a remplacé le vieux phare du Raz ; sur la roche de Tevennec est un autre feu. On comprend cette abondance de signaux en regardant courir entre les écueils le flot tumultueux. Les courants sont terribles, on voit l'eau fuir avec rapidité entre les roches. Le spectacle est bien plus imposant ici que dans le Morbihan ; ce n'est plus seulement un flot resserré entre deux îles que l'on voit accourir, c'est la masse même de l'Océan qui semble s'écouler vertigineusement vers un but invisible.

A côté de ce flot formidable, la baie des Trépassés, calmée aujourd'hui, s'arrondit entre de hautes roches séparées par un vallon d'aspect quasi sinistre où dort l'eau mate de l'étang de Laoual qui recouvrirait les ruines de la ville d'Is. Au-dessus de la baie, la presqu'île du Raz, pelée, sans arbres, sans culture, parcourue par des troupeaux de moutons et de vaches, produit une impression de désolation.

Nous traversons ces pelouses âpres pour regagner le sémaphore dont le gardien nous conduit par un sentier creusé aux pentes d'une vertigineuse falaise jusqu'à une crique où l'on a établi un débarcadère très sommaire. Là sont quelques bateaux de pêcheurs de homards qui, dit-on, pourraient nous transporter à Sein. Il faut parlementer longtemps avec les marins, nul ne veut s'exposer à manquer le relèvement de ses casiers.

— Combien gagnez-vous donc? dis-je à l'un, que la promesse d'une pièce d'or ne peut décider à entreprendre la course.

— Ça dépend, ça s'est vu que l'on a pris pour trente francs de langoustes.

— Mais vous n'en avez pas toujours autant.

— O non, souvent on a à peine pour un écu.

Et la conversation finit là; je suis navré de cette course inutile. Enfin un autre bateau qui arrive au petit port consent à m'emmener. Le courant porte dans le Raz, le vent est bon.

Et nous voilà parti sur cette mer dont un proverbe armoricain dit que « jamais homme n'a traversé le Raz sans avoir peur ou mal », sur laquelle le matelot ne passe pas sans proférer cette prière : « Mon Dieu, secourez-moi pour traverser le Raz, mon navire est si petit et la mer est si grande. »

Nous avons la bonne fortune de naviguer par un des rares beaux jours de cette contrée tristement fameuse. La traversée s'est donc faite sans trop d'effroi. Deux heures après notre départ, nous accostions dans le petit port de Sein; quelques

« Iliens », car on appelle ainsi les habitants des îles dans cette partie de l'Océan, s'empressaient autour de nous.

Je ne puis faire qu'une rapide visite de l'île ; je dois être à Brest demain pour ne pas manquer le bateau d'Ouessant. Vite, pendant qu'on prépare notre déjeuner à l'auberge, nous voici courant le bourg.

Le village de Sein ne ressemble en rien à ceux des autres îles ; autant les hameaux insulaires du Morbihan sont largement construits, autant ici on a rigoureusement mesuré l'espace ; les rues ont à peine un mètre de largeur, on a jugé cela suffisant pour rouler une barrique. Peut-être faut-il l'attribuer à l'abri que l'étroitesse des rues assure pendant les tempêtes violentes de ces parages. Ces maisons sont blanches et propres. Celles qui bordent le port et le Raz ont une allure d'aisance bien faite pour surprendre. Toute la vie de l'île est concentrée dans ce village aux ruelles irrégulières ; même les oiseaux de mer sont venus s'installer dans le bourg : goëlands et cormorans se sont habitués à l'homme et se laissent familièrement approcher par lui.

La vie est assez active dans le bourg, en cette saison surtout. C'est que Sein n'est pas réduit à sa seule population ; depuis que les chemins de fer et la navigation à vapeur ont permis aux continentaux les plus éloignés dans l'intérieur des terres de manger du homard frais, la pêche a pris dans ces mers une activité jadis inconnue. Les habitants de Sein n'auraient peut-être jamais songé à exploiter les richesses de la mer, les habitants industrieux de Paimpol y ont songé pour eux. Chaque été, quand la pêche à la morue est finie, les Paimpolais viennent sur leurs barques à Sein pour y pêcher et surtout pour faire le commerce des crustacés. La population monte alors de 800 à 1,500 âmes. Cette immigration d'une race de marins habituée à plus de bien-être a profondément modifié l'aspect du bourg. Certes on ne peut comparer Sein aux beaux villages de Ré ou d'Oleron, moins encore aux hameaux fortunés de l'île aux Moines, mais le tableau qu'en ont tracé les écrivains d'il y a cent ans et même de cinquante ans a cessé d'être vrai. Lorsque Cambry écrivait, en 1794, son voyage dans le Finistère, Sein était un très misérable pays, vivant du produit de la pêche vendue à Brest et surtout des secours en vivres que la marine accordait à cette population héroïque qui arrachait chaque année tant d'équipages à la mort. En 1852, un autre voyageur, M. Dauvin, faisait, dans la *France maritime*, un navrant tableau qui semble du reste inspiré par le voyage de Cambry où tant de voyageurs en Bretagne ont puisé des impressions qu'ils donnent pour personnelles et dont le moindre défaut est de retarder :

« On n'y voit pas un arbre, pas une ronce. Quelques fougères, quelques bouquets de lande sont ses seules productions naturelles ; quelques maigres épis d'orge, les seuls grains que puissent, à force de soins et de sueurs, tirer de ses entrailles les soixante familles qui forment sa population.

« On se ferait difficilement une idée des misérables cahutes sous lesquelles ces familles s'abritent pendant les rares instants qu'elles donnent au repos et au sommeil. Le jour n'y pénètre que par une ouverture oblongue de dix-huit pouces de hauteur, ménagée dans l'épaisseur d'une muraille grossièrement maçonnée. Un bahut sur lequel tombe ce faible rayon de lumière, deux coffrets servant de bancs, de grandes armoires sans battants à plusieurs étages servant de lits, une marmite, une poêle, un chaudron, quelques écuelles et cuillers de bois constituent tout le mobilier de ces bouges enfumés et humides, où la pluie filtre de toutes parts, où le vent s'engouffre avec d'épouvantables sifflements.

« Ces cloaques infects, dans lequel un enfant, s'il n'y était né, ne pourrait rester deux heures sans courir le risque de mourir asphyxié, n'exercent cependant aucune influence délétère sur la santé des habitants de cette île. Exempts des affections chroniques si communes dans nos villes, ils parviennent presque tous à une vieillesse très avancée, sans avoir jamais opposé à leurs rares maladies d'autres remèdes qu'un peu de vin, une poule bouillie et du repos. Leur stature est élevée, leur teint olivâtre. Étrangers à toute idée de civilisation, sombres comme le ciel qui pèse sur leurs têtes, comme les vagues qui grondent autour d'eux, ils sont défiants, peu communicatifs, crédules, prêts à tout oser, si une terreur superstitieuse ne vient s'interposer entre leur intrépidité naturelle et le péril qu'il leur faut affronter. Jamais un sourire sur leurs lèvres, jamais un éclair dans leurs yeux ! On dirait des hommes de pierre. Leur costume, comme leur idiome, est, à quelques changements près, celui des anciens Celtes, leurs pères. Il se compose d'une calotte de laine brune ou bleue, d'une casaque de toile à capuchon (*sagum*) recouvrant une veste de drap grossier, étroite et courte, d'une large culotte ou braie (*galli bracati*) serrée par un lacet au-dessous du genou, et quelquefois d'une paire de sabots

L'ILE DE SEIN

D'après la carte de l'état-major au $\frac{1}{80,000}$.

rembourrés de paille. On les appelait autrefois les démons de la mer. Leur férocité était proverbiale dans toute la Basse-Bretagne. Une tempête venait-elle à éclater par une nuit sombre ? Munis de cordes et de longues perches armées de crocs de fer, ils se répandaient aussitôt dans leur île, chassant devant eux deux ou trois vaches, aux cornes desquelles rayonnaient des lanternes, afin d'attirer par cette perfide clarté les navires en détresse sur les récifs qui l'environnent, pour ensuite se partager les dépouilles des naufragés, dont ils rejetaient sans pitié ni remords les corps nus à l'Océan. »

Pour qui aborde l'île ayant lu ces descriptions, c'est une surprise heureuse. Peut-être même est-on porté à trouver l'aspect actuel plus riant qu'il ne l'est en réalité. Mais je vois cela par un clair soleil, en une saison où les Paimpolais sont venus apporter quelque vie; le village a de nombreux cabarets, quelques magasins; nous voilà loin de la terre farouche des anciens auteurs et des légendes sur les druidesses dont nous avons été bercés.

En route pour l'intérieur de l'île. Oh la course ne sera pas longue ! De l'extrême pointe vers le Raz à celle qui fait face au Pont de Sein, on compte à peine 2,200 mètres. Du bourg à la rive du Pont de Sein, il y en a 1,700.

Si l'on comprend dans l'île l'îlot de Kelaourou, relié par une digue naturelle de galets à la presqu'île de Begar-Halès, dont une jetée de 500 mètres fait le prolongement de l'île, la longueur totale atteint 3,200 mètres.

La campagne commence aussitôt après qu'on a dépassé l'unique fontaine de l'île, dont l'eau est insuffisante pour les besoins de la population. Il faut avoir recours aux citernes et même, en certaines années, à des tonneaux d'eau amenés du continent.

Étrange campagne. C'est une série d'ondulations ou plutôt de mamelons créés de main d'homme. Cette forme mamelonnée permet, paraît-il, de donner plus de surface aux cultures; les champs ont cinq mètres de long, quatre mètres en largeur; la convexité augmente légèrement la surface. Là, on cultive de l'orge ou des pommes de terre par assolement. L'engrais est uniquement fourni par les varechs, fort abondants, dont une partie d'ailleurs est incinérée pour la fabrication de la soude.

Au temps de Cambry, l'île ne cultivait que l'orge, elle en produisait les bonnes années 400 boisseaux, quantité bien insuffisante pour nourrir les

844 habitants, répartis alors dans soixante maisons. La culture de la pomme de terre a accru les ressources ; cependant l'ensemble des produits permet à peine de nourrir la population pendant trois mois ; la pêche comble le déficit ; le poisson et les pommes de terre que les habitants vont chaque année, en novembre, acheter à la foire de Pont-Croix, la *foire des iliens*, sont la base de la nourriture.

Quant au bétail, Cambry l'évaluait à 60 têtes de vaches ; il est resté ce qu'il était en ce temps-là, il n'y a que 60 vaches aujourd'hui encore, pauvres petites bêtes paissant l'herbe rare et courte des dunes, et, lorsque celle-ci fait défaut, le varech apporté par la mer.

La campagne de Sein se prolonge ainsi entre des dunes basses, au delà desquelles gronde la mer. Des landes minuscules, un sémaphore couvrent un isthme étroit, puis s'étend un petit plateau qu'un moulin à vent, la petite église de Saint-Corentin, une maison et le phare animent. Le phare a 45 mètres de haut ; du sommet, l'île apparaît, étroite, basse, sans relief, avec sa multitude de taupinières où les chaumes de l'orge et les fanes de pommes de terre maintiennent le sol. On découvre toute la presqu'île du Raz, enfoncée comme un coin dans la vaste étendue des eaux, la baie de Douarnenez, aux rivages estompés dans la brume et sur lesquels se dresse la masse du Mené-Hom. Au nord, le cap de la Chèvre et les premiers flots de l'archipel d'Ouessant.

La vue est surtout attirée par l'immense étendue de roches et d'écueils de la chaussée de Sein, sur lesquels la mer brise avec fureur. Le phare d'Ar-Men se dresse en dominateur au milieu de ces farouches récifs. D'ici, on le voit à merveille, son fût blanc semble surgir du flot.

Aucune œuvre ne fait plus honneur à l'énergie humaine que ce phare élevé sur une roche sans cesse submergée de la chaussée de Sein, car elle ne dépasse que de 1^m,50 la hauteur des plus basses mers. Le récit des travaux a été fait avec une simplicité admirable par l'un des ingénieurs qui les ont conduits :

« On se mit résolument à l'œuvre en 1867. Dès qu'il y avait possibilité d'accoster, on voyait accourir des bateaux de pêche. Deux hommes de chacun d'eux descendaient sur la roche, munis de leur ceinture de sauvetage, se couchaient sur elle, s'y cramponnant d'une main, tenant de l'autre un fleuret ou un marteau, et travaillaient avec une activité fébrile, incessamment couverts par la lame qui déferlait par-dessus leurs têtes ; si l'un était entraîné par la violence du courant, sa ceinture le soutenait et une embarcation allait le reprendre pour le ramener au travail.

« A la fin de la campagne, on avait pu accoster sept fois et en tout huit heures de travail ; quinze trous étaient percés sur les points les plus élevés, premier pas vers le succès. L'année suivante, les difficultés étaient plus grandes, mais on avait de l'expérience : seize accostages et dix-huit heures de travail.

« La construction proprement dite est de 1869 ; il fallait une prise des plus rapides, car on travaillait au milieu des lames arrachant parfois de la main de l'ouvrier la pierre qu'il se disposait à mettre en place. Un marin expérimenté, adossé contre un des pitons du rocher, était au guet, et l'on se hâtait de maçonner quand il annonçait une accalmie, de se cramponner quand il prédisait l'arrivée d'une grosse lame. Les ouvriers, l'ingénieur, le conducteur, qui encourageaient toujours les travailleurs par leur présence, étaient munis de ceintures fournies par la Société de sauvetage et d'espadrilles destinées à prévenir les glissements. A la fin de la campagne de 1869, on avait exécuté 25 mètres cubes de maçonnerie que l'on retrouva intacts l'année suivante. En 1870, on accoste huit fois, on passe sur la roche dix-huit heures cinq minutes ; en 1871, on accoste douze fois et l'on travaille 22 heures ; enfin, en 1872, on avait en tout 144 mètres cubes 50 et la dépense était de 135,836 fr. »

Le phare d'Ar-Men put enfin être inauguré en 1881 ; grâce à lui, la chaussée de Sein est aujourd'hui éclairée et les navires peuvent éviter ces parages dangereux. Par les brumes si intenses de ces mers, une trompette à vapeur fait entendre chaque minute pendant cinq secondes ses stridentes clameurs. Le feu porte à 20 milles, c'est-à-dire bien au delà des limites de la chaussée de Sein.

Les gardiens du phare d'Ar-Men sont parmi les plus isolés de ces vaillants surveillants de l'Océan. Leur ravitaillement, toujours difficile, est souvent rendu impossible pendant de longs jours. M. Boulan, de Pont-Croix, qui a publié sur le Raz de Sein une intéressante brochure, a pris passage un jour sur le vapeur qui portait des vivres aux gardiens.

« Une après-midi, à l'époque de la grande marée, raconte-t-il, je fus informé qu'on allait ravitailler le phare d'Ar-Men, opération grosse de difficultés, car il faut profiter du moment psychologique pour y aborder. Une place me fut offerte sur le vapeur *le Porstrein* ; j'acceptai.

Vous avez choisi, me dit le mécanicien, un rude temps pour faire la promenade.

« A cet endroit en effet, la mer se gonfle instantanément, il n'y avait plus à reculer ou à filer de l'huile sur les vagues que nous fendons. Ayez le pied marin, si vous voulez admirer l'horizon, sinon le tangage, vous rejetant sur votre banc, réprimera bien vite les élans de votre curiosité.

« A quelques encablures du but de notre sortie flottait une bouée, corps mort solide, point de mouillage pour tous bateaux ; d'un adroit mouvement, un matelot saisit la bouée qui devait maintenir notre vapeur, préposé seulement à la surveillance du ravitaillement. Deux matelots en descendirent, au mépris du danger, dans une légère embarcation, pour rejoindre un petit navire à voiles qui se balançait non loin de nous et à bord duquel on distinguait des marins. Bientôt nous aperçûmes des cordages partant d'une des lucarnes du phare, et il se produisit un va-et-vient. Des barils, des caisses, des paniers s'en allaient pleins, d'autres revenaient vides. D'énormes oiseaux de mer tournoyaient au-dessus de nous en lançant dans l'air ce cri plaintif et sinistre qui s'entend au sein des tempêtes. Savaient-ils que c'étaient des provisions fraîches que l'on apportait et en désiraient-ils leur part?

« De la galerie du phare, un homme se laissa glisser le long des cordages raidis autant que possible, ballottant néanmoins. Lorsqu'il fut en bas, un autre grimpa par cette échelle d'un nouveau genre. Alors le capitaine du *Porstrein*, jugeant qu'il était impossible de terminer la besogne ce jour-là, l'état de la mer devenant menaçant et le temps sombre, donna le signal du retour à l'île que nous regagnâmes en contournant le Raz au delà de la Queue des Chats. Il était une heure du matin et je me promis bien de ne plus prendre part au ravitaillement de l'Ar-Men. Le navire à voiles, d'un faible tirant d'eau, avait suivi une route plus directe, aux passes accessibles, et nous avait devancés. Le gardien, qui avait effectué d'une façon simple, à ses yeux, la descente périlleuse par les cordages, rit de mes frayeurs ; il revenait à l'île prendre un repos de trois mois. »

Ces gens acceptent gaiement une telle existence que nous nous représentons terrible. Combien cependant doit être long et noir et horrible l'hiver sur ce bloc de maçonnerie assis sur une roche sous-marine et que les embruns enveloppent pendant des semaines entières.

J'avais peine à détacher mes regards de ce phare qui semblait si près de nous, bien qu'il fût à deux lieues au large. Mais l'heure avançait, il fallait retourner au village pour déjeuner et profiter d'un courant portant à terre afin de débarquer à la pointe du Raz avant la nuit.

Notre auberge est fort bien tenue, c'est la plus cossue de l'île où les cabarets sont par trop nombreux peut-être ; on n'en compte pas moins de 24 où les *iliens* viennent boire de l'alcool à grand verre. On admire mieux ici la force du règlement d'Houat et d'Hoëdic qui a empêché cette plaie de pénétrer dans les îles.

A l'auberge, une langouste, des conserves, une soupe au poisson nous ont fait un déjeuner fort passable ; il y avait même du pain blanc venu d'Audierne par le bateau-poste, bien qu'un boulanger soit venu s'installer dans l'île pour supplanter le pain cuit sur une plaque de fer recouverte d'un vase et chauffée par un feu de goëmon.

Dans le village, il n'y a guère que des femmes à cette heure ; les hommes sont en mer pour relever leurs casiers à homards et à langoustes qui abondent sur les roches de la chaussée de Sein et du Pont des Chats. La pêche s'étend, pour les embarcations de 4 ou 6 tonneaux, jusqu'à 10 ou

12 milles au large d'Ar-Men[1]. Les femmes se hasardent rarement en mer, elles ont une terreur profonde de l'Océan qui leur a enlevé tant d'êtres aimés et qui est une menace constante. Elles vont graves et lentes par les étroites ruelles, revêtues de robes sombres, coiffées d'une cape noire retombant sur les épaules, le *chapellien*. Il y a, au musée de Quimper, un tableau du peintre Renouf représentant une veuve ainsi vêtue, agenouillée dans le morne cimetière de l'île, sans arbres, sans verdure, où les tombes recouvertes de dalles de granit ont un si navrant caractère d'abandon. Près de la mère, l'enfant est à genoux, vêtu de la vareuse de marins qui est le costume de tous les hommes. Le pauvre petit semble écouter la grande voix de la mer qui l'appelle à son tour pour la lutte journalière contre les flots.

L'Océan c'est le flot nourricier, mais c'est aussi l'ennemi pour cette pauvre terre de Sein. Non seulement il broie ses barques, noie ses pêcheurs, répand le deuil, mais encore il s'efforce à chaque instant de ronger l'île qu'on a dû préserver par des travaux de défense. Aux grandes marées, surtout pendant ces gonflements soudains du flot que

---

1. Pour les procédés de pêche dans l'île de Sein, semblables à ceux de l'île d'Ouessant, voir plus loin le chapitre consacré à cette dernière île.

la science n'a pas expliqués encore, l'île est parfois complètement submergée. L'histoire a conservé le souvenir de quelques-uns de ces cataclysmes. En 1756, l'île semblait si près de son engloutissement final que le duc d'Aiguillon, ce gouverneur de Bretagne dont on retrouve partout la trace bienfaisante, conçut le projet de faire évacuer Sein; les habitants auraient trouvé des terres et des secours sur le continent. Ils refusèrent en pleurant, ne voulant pas abandonner cette île marâtre. Le duc fit alors construire la digue qui préserve un peu l'île au sud et décida que tous les trois mois les habitants recevraient cent cinquante quintaux de biscuit, trente quintaux de lard et huit de légumes. Longtemps ce secours fut donné, même pendant la Révolution. Cambry le signale encore.

Depuis lors, les travaux des phares et les facilités de communication ont répandu assez de bien-être dans l'île pour qu'on ait pu cesser vers 1840 de donner ces secours, mais pendant les années de disette, le port de Brest peut délivrer des rations de biscuit. Ces distributions sont fort rares; on ne m'en signale que deux pendant les sept dernières années. Le seul concours de l'État consiste dans le séjour à Sein, comme à Groix et à Ouessant, d'un médecin de la marine.

D'autres désastres dus à des raz de marée eurent lieu. Sous la monarchie de Juillet, la mer arriva en plein jour, tous les hommes étaient au large ; en un instant, le village fut envahi. Les femmes et les enfants se réfugièrent sur le clocher et les toits, attendant leur dernière heure ; le curé fit les prières et donna sa bénédiction. La mer se retira heureusement.

En 1868, le raz de marée se produisit en pleine nuit ; les habitants, prévenus par le mugissement des flots, purent monter encore sur les parties hautes des maisons et dans le clocher. Ces catastrophes expliquent naturellement la destruction de la ville d'Is sans avoir besoin d'invoquer pour cela la légende poétique de la princesse Dahut punie de ses péchés.

Mais si la mer est pour les îliens de Sein une persécutrice infatigable, ces hardis marins n'ont pas cessé de lui arracher ses victimes. Aucune population n'a montré plus de courage pour venir en aide aux naufragés. Aujourd'hui, que ces parages sont éclairés par tant de phares, le nombre des sinistres a bien diminué ; d'ailleurs, la vapeur a permis de dompter les courants du Raz, mais jadis c'était la partie de nos côtes la plus fertile en scènes d'horreur. Alors, au premier signal, les îliens armaient leurs barques et allaient au secours des naufragés, les ramenaient dans l'île, partageaient avec eux leurs vivres. En 1794, le *Séduisant*, grand vaisseau de ligne, se perdit sur le grand Stevennec ; il avait 800 soldats ou marins à bord ; tous furent sauvés, mais pendant onze jours la tempête atteignit une violence telle qu'on ne put aller sur le continent chercher des vivres et la famine menaça.

De 1763 à 1817, vingt sauvetages furent accomplis par les habitants de Sein, des milliers de marins ou de passagers doivent la vie aux insulaires qui firent montre d'un héroïsme inouï dans toutes ces luttes contre l'Océan. L'histoire de l'île de Sein est tout entière dans les sauvetages sans nombre. Chaque année encore, les marins de Sein se portent au secours de bateaux en péril.

A entendre ou à lire ces récits, on se prend d'un intérêt profond pour ces braves îliens dont la rusticité au premier abord est bien faite pour offusquer. C'est une population de héros qui s'ignorent.

Il est l'heure de partir ; je fais le tour du bourg, je monte sur quelques « champs » pour voir, une fois encore, cette petite terre désolée, les dunes basses, les longues traînées de roches. Et nous voici bientôt en mer, au milieu des rochers dont se hérissent les abords de l'île. Voici Nerroth, Dentock, Kelaourou aux noms sonores et sinistres ; au loin, la tour carrée du phare de Tevennec, et nous courons dans le Raz, droit sur le phare de la Vieille. Le courant est terrible et les récits des matelots nous hantent.

Nep ne sent qet ouc'h ar stur auc'h ar garrecq a ra sur.

« Qui ne gouverne pas sans erreur son vaisseau dans le Raz, y périt infailliblement. »

Mais mon batelier est habitué aux dangers du terrible passage. La main à la barre, il va sur ce courant sans la moindre crainte ; devant nous les détails de la côte du Raz s'accentuent, nous voyons toutes les roches hargneuses de l'enfer de Plogoff contre lesquelles semble nous porter le courant. Un dernier coup de barre, nous voici en eau calme au-dessous du sémaphore.

Notre guimbarde a attendu, elle nous emmène rapidement vers Audierne. La campagne, embrumée ce matin, est ce soir claire et lumineuse. Au delà de Lescoff et de son plateau nu, le pays se transforme ; ce sont des champs assez bien cultivés, entourés de murs en pierres sèches. Aux croisées des chemins se dressent des croix de granit plantées sur de hautes marches. A gauche de la route se creuse, très profonde, la vallée de Plogoff. Elle est riante ainsi, avec ses vallons latéraux remplis d'arbres, ses hameaux, ses moulins à vent, ses haies d'ajonc, les lignes régulières des meules de blé. Au delà, vers Cléder, l'autre versant est très accidenté, des bouquets grêles de pins couvrent les sommets.

Voici, sur la route, la petite chapelle de Saint-Yves, devant laquelle une croix ayant sur une de ses faces le Christ et sur l'autre sa mère, porte la date de 1670. Plus loin, le clocher de Plogoff, si gracieux et léger, puis, sur une haute croupe couverte de champs clos par un réseau infini de murs gris, la chapelle de Notre-Dame de Bon-Voyage qui domine la baie du Loch.

Le paysage se peuple, les hameaux sont nombreux : Primelin, Saint-Tujen, dont le beau clocher pointe au-dessus des arbres, Esquibien, dominent l'immense océan et précèdent la petite ville d'Audierne, où nous arrivons à temps pour le dernier train du soir.

XIII

ILE DE MOLÈNE

ET ILOTS DE L'ARCHIPEL D'OUESSANT

Le Conquet. — Presqu'île de Kermorvan. — Ile de Béniguet. — La Chaussée des Pierres-Noires. — Iles de Morgol, Lytiry, Quéménès et Lédénès de Quéménès. — L'île Molène et sa Lédénès. — Iles Balanec et Bannec. — Approches d'Ouessant.

A bord de la Louise. Septembre 1894.

Ce n'est pas un voyage commode, celui d'Ouessant ! Je comptais visiter tout l'archipel, île par île, et j'ai découvert qu'il m'aurait fallu une quinzaine de jours en louant une chaloupe à moi, ayant à bord tout ce qu'il faut pour manger, boire, dormir et écrire, à la condition encore que les vents et les courants soient propices. Or le temps va me manquer, la saison avance, qui sait si j'aurai, dans ces mers orageuses, sous le ciel de l'extrême Armorique, huit seuls jours de ciel pur. Quant à trouver gîte et vivres à Béniguet, Quéménès, Trielen ou Molène il n'y faut guère compter.

Je prendrai donc, comme tout le monde, le bateau à vapeur. Les armateurs de la *Louise* ont du reste été fort aimables : on passera au plus près des îles, de façon à me permettre de les voir avec ma jumelle ; à Molène, la seule où l'on fasse escale, la *Louise* restera aussi longtemps que je le désirerai pour pouvoir visiter cette petite terre ; enfin on a prévenu l'auberge d'Ouessant de tenir une voiture prête pour que je puisse parcourir l'île entre le déjeuner et le retour du vapeur.

Même organisé de la sorte, le voyage n'est pas très facile, le départ a lieu de grand matin ; j'ai dû quitter Brest avant le jour et, fouette cocher ! courir par la route fraîche qui traverse les hauteurs dominant le goulet. A peine le temps de renouer connaissance avec la pittoresque bourgade du Conquet. Le vaste estuaire que je vis à sec il y a trois jours est en ce moment un lac calme et profond, d'où s'échappent les barques allant à la pêche au homard. La *Louise* est à l'ancre, loin du quai, on ne peut la gagner qu'en canot ; or, le ressac est fort dur, on danse un peu pour gagner le petit navire, déjà des baigneuses qui abandonnent le Conquet pour faire le voyage ont pâli.

Il y a un peu de tout à bord : habitants de Molène et d'Ouessant, commerçants de Brest allant prendre part à l'adjudication d'épaves, le commissaire de la marine qui doit procéder à cette vente, un haut fonctionnaire parisien qui, chaque année, va en villégiature à Ouessant, où il passe deux mois sans trop s'ennuyer, d'autres Parisiens, notamment un jeune ménage très gai, à qui les beaux-parents font des adieux éplorés comme si l'on partait en Amérique. Nous avons vite fait connaissance, le jeune homme porte un nom célèbre dans les sciences, il me confie qu'il est de la rue Ménars. C'est un voisin.

En route donc, nous doublons le musoir de la petite jetée et voici la *Louise* le nez dans la plume, elle tangue à ravir. Les visages deviennent graves.

Heureusement cette sortie du Conquet est superbe, la petite presqu'île de Kermorvan est si bizarrement découpée, couverte de vieilles fortifications, entourées d'écueils et d'îlots, qu'on a peine à en détacher les regards. Sur l'extrême pointe une grosse bâtisse blanche supporte le phare qui éclaire ces dangereux passages.

Le ressac est toujours violent, les vagues se hérissent autour de nous, une de mes voisines s'effare, elle croit déjà que nous allons sombrer.

— Ce n'est rien, la petite mère, lui dit obligeamment un marin, faudra voir tout à l'heure la Jument et les Trois-Pierres, c'est là qu'il y aura des éclaboussures !

Ah ! vraiment !

On fait le brave, d'autant que la mer, à mesure que nous avançons, se montre plus douce ; nous sommes pourtant dans le terrible chenal du Four, où les courants ont drossé tant de navires contre les écueils. Autour de nous l'Océan s'est apaisé, mais là-bas, au sud, de grands panaches d'écume décèlent des récifs, leur nombre semble infini. Sur le plus gros d'entre eux d'immenses vagues s'écrêtent : c'est Kerouroc ; la rangée entière s'aligne sur plus de deux lieues, c'est la terrible *Chaussée des Pierres-Noires*, où tant de naufrages ont eu lieu, où périt notamment la *Magicienne* commandée par le lieutenant de vaisseau Mage, l'explorateur du Niger. Pas un homme n'en revint !

En face de nous s'aligne une terre basse, grise, terne, sans arbres, dominée par un petit morne que couronne un moulin à vent. C'est Béniguet ; une des îles où je m'étais flatté de mettre le pied, il me faudra me borner à la voir, comme Moïse vit la terre promise. Peu attirante d'ailleurs : par delà le coteau haut de 15 mètres qui en forme l'ossature, on aperçoit encore la mer, cela indique une faible largeur. En effet, Béniguet, longue de 2,300 mètres, a 500 mètres dans sa plus grande épaisseur. Vue du chenal du Four elle semble décrire un croissant ; à la partie la plus concave se dressent quelques bâtisses lépreuses. C'est la capitale de l'île, le village de Louédé-

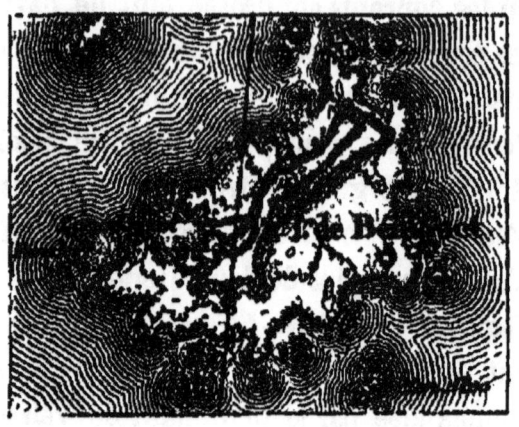

ILE DE BÉNIGUET (ILE BÉNIE)

D'après la carte de l'état-major au $\frac{1}{80,000}$.

guet. Il renferme toute la population de Béniguet : trente habitants environ.

Sur la colline, de nombreux filets de fumée s'élèvent, des êtres noirs s'agitent et semblent tisonner un feu infernal. On prépare ici la cendre de varechs, les plantes marines sont rejetées par le flot en immense quantité et, comme à Yeu, on les brûle. La cendre est vendue au Conquet, dans la vaste usine à soude que possède cette ville.

L'existence doit être lugubre sur ce rocher, où l'on se livre cependant à la culture ; il y a quelques animaux dans l'île, on y récolte un peu d'orge, des pommes de terre, des choux, des carottes et des betteraves qu'il faut disputer à d'innombrables lapins auxquels le gazon, court mais savoureux, devrait suffire.

A mer basse, l'étroit domaine des insulaires s'accroît par de vastes rochers et une plage sur lesquels on peut pêcher et récolter les plantes marines ; alors se creuse, à l'ouest du village de Louédéguet, une sorte de golfe harmonieusement dessiné.

Bientôt Béniguet ne nous présente plus que sa falaise du nord, l'île s'estompe peu à peu, mais toujours au-dessus d'elle monte la fumée des foyers de varechs. Mes voisines recommencent à pousser de petits cris d'effroi ; devant nous une multitude infinie d'îlots, d'écueils apparents ou cachés sur lesquels la mer bondit follement ; au delà une terre plus grande, l'île de Quéménès. La *Louise* passe au milieu de ces rochers redoutables. Le grand et le petit Courteau, Belvegnou, se devinent à l'agitation de la mer. Le commissaire de la marine hoche la tête, il nous raconte de terribles naufrages, il parle avec des réticences des qualités nautiques de notre vapeur. Les passagers pâlissent de nouveau, on détourne enfin la conversation en approchant des îles. Il y a là tout un groupe sinistre, les écueils non encore

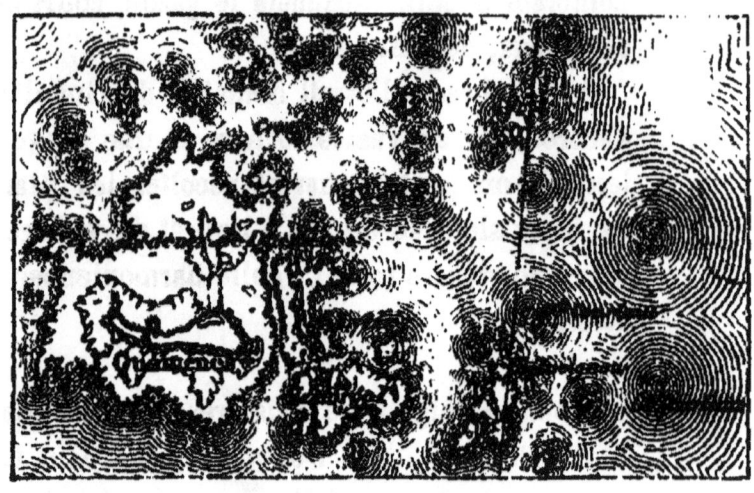

ILE DE QUÉMÉNÈS (p. 264)

D'après la carte de l'état-major au $\frac{1}{80,000}$.

recouverts par le flot sont d'un vert trouble, leurs crêtes sont couronnées d'algues remuées par le flot comme des chevelures. Une masse plus haute apparaît, à travers laquelle on découvre bientôt des chenaux qui séparent les flots. Un de ceux-ci rappelle étrangement le bec de l'Aigle, à la Ciotat, mais plus petit ; il est blanc au sommet, c'est l'île de Morgol. Séparée d'elle par un étroit bras de mer est l'île de Lytiry longue de sept à huit cents mètres, large de cinquante à peine. On y aperçoit une maison en ruine et une cabute basse, mais elle est inhabitée. Plus loin une autre île, plus grande, apparaît, surmontée par une haute cheminée qui produit un effet singulier ; elle est couverte de moissons ou de pâturages, la cheminée est celle d'une fabrique de soude aujourd'hui abandonnée. C'est Quéménès, une île moins vaste que Béniguet, longue de 1,200 mètres à peine et n'ayant pas plus de 200 mètres dans sa plus grande largeur. Là, cependant, vivent 20 habitants, cultivant le sol, récoltant le varech. A marée basse l'étendue de l'île est décuplée, un vaste plateau de rocher apparaît, un autre flot situé au nord se soude à Quéménès par une jetée de sable. C'est Lédénès de Quéménès. Ce mot de Lédénès a une signification, il indique évidemment une île reliée à une autre à mer basse, car on rencontre la même désignation à Molène.

Nous devons passer au nord de Lédénès pour éviter des écueils sans nombre. Nous sommes maintenant près du plateau de la Helle, où quelques roches signalées par des tourelles émergent,

même à haute mer. Derrière nous, nous laissons
Quéménès et Béniguet. D'ici cette dernière île
offre un aspect plus riant, au lieu d'une falaise
sombre elle présente un plateau incliné, couvert
de moissons et de cultures. Au delà de Quéménès
surgit une autre terre, haute et longue, d'où montent aussi les fumées du varech, où l'on découvre
des maisons. C'est Trielen, île d'un kilomètre de
développement, mais très étroite, sur laquelle vivent cependant vingt individus. D'une usine à
soude monte un épais nuage de fumée qui couvre
l'horizon. O la rude et sauvage existence !

Cette île présente sur la carte un curieux aspect,
la pointe du nord semble un œil, il y a là une
étroite lagune remplissant une vasque rocheuse.

Trielen est évidemment l'extrémité d'une terre
plus étendue, car elle est assise sur un vaste plateau de roches émergeant à basse mer et qui
s'étend alors jusqu'à l'île Molène, située à deux
kilomètres et demi plus au nord.

Molène grandit. De loin cette terre basse développe en amphithéâtre une masse de maisons que
nous prenons pour une grande ville, l'illusion est
complète. Il semble que nous allons la toucher du
doigt, mais ici les écueils se comptent par centaines, la *Louise* va de roche en roche pour dou-

bler les Trois-Pierres, ces farouches écueils dont on nous avait parlé. Les Trois-Pierres se sont humanisées, il y a bien un peu de ressac, mais enfin nous entrons sans trop de secousses dans l'espèce d'anse ouverte entre Lédénès de Molène, îlot parasite relié à l'île à marée basse, par une jetée sablonneuse et la terre principale.

La ville de tout à l'heure est devenue une humble bourgade de pêcheurs ; les maisons, basses, d'un blanc éclatant, se rangent en pente douce sur un plateau qui a l'apparence d'une lande rase. Un canot me conduit à terre ; le capitaine a peu de marchandises à décharger, il me recommande narquoisement de faire vite. Je le comprends, il s'imagine que je prends l'île pour une vaste terre, mais la carte me l'a appris : Molène a juste un kilomètre dans sa plus grande longueur et 800 mètres à peine de largeur, c'est un ovale presque parfait.

Le village est propre, même gai, avec ses maisons basses escaladant la hauteur. Pas un arbre, mais contre quelques murs des rosiers et des fuchsias géants ; beaucoup de goëmon séchant au soleil, à même la rue. Le goëmon et la bouse de vache sont ici encore le combustible national. Justement, dans la cheminée d'une maison ouverte flambe(?) un feu de ce genre. Une bonne femme vient de pétrir de la pâte, elle en emplit un vase plat qu'elle pose sur la sole, là-dessus elle entasse son brasier de bouse de vache. C'est la façon locale de faire et cuire le pain. Les ga-

ILES DE MOLÈNE ET TRIELEN

D'après la carte de l'état-major au $\frac{1}{80,000}$.

lettes ainsi obtenues n'ont rien de particulièrement appétissant, ni la forme, ni la couleur, ni le parfum.

Voici l'église, très humble, une croix de pierre, quelques moulins à vent, plus loin, au point culminant, dominant l'île, un sémaphore, 21 mètres au-dessus de la mer. J'y cours. De là on découvre tout Molène, étroit plateau de 127 hectares. La surface est fauve, parce que la moisson d'orge est achevée, des taches vertes sont formées par des champs de pommes de terre. Sur les 127 hectares de l'île la moitié environ sont cultivés en champs grands comme une table, car la propriété n'est pas moins morcelée que dans les autres îles, le reste est couvert par le village, les chemins, les moulins, les embryons d'ouvrages militaires esquissés sur la côte.

Ici encore les femmes seules cultivent la terre. Toute la population mâle est inscrite sur les registres de la marine et se livre à la pêche, le curé et l'instituteur seuls font exception à la règle. Les inscrits pêchent la langouste et le homard comme leurs voisins d'Ouessant. Marins intrépides, ils ont des embarcations réputées pour leur tenue à la mer. Pendant qu'ils sont à la pêche, les femmes bêchent ou moissonnent, récoltent le varech et fabriquent la soude. Ce sont elles qui entretiennent ces feux innombrables dont les épaisses fumées donnent à l'archipel un caractère si particulier. Ce sont elles encore qui exploitent pour le continent le sol de l'île : il a, paraît-il, de grandes qualités comme engrais.

Le soleil est superbe, du sémaphore j'ai une vue splendide sur toutes les îles, sur les myriades de rochers, d'écueils, d'îlots qui se dressent hors du flot. Sauf une houle majestueuse, la mer est calme, les roches éclairées fortement semblent autant de voiles. Il est peu de paysages maritimes plus grandioses et plus imposants. Mais quand siffle la tempête, quand l'Océan soulève ses vagues hurlantes, ce doit être le spectacle le plus effrayant que présentent nos mers.

Je serais resté longtemps à contempler cet inoubliable tableau qui s'étend des côtes du Conquet aux farouches roches d'Ouessant, mais la *Louise* sifflait. Je me suis hâté d'accourir au port, entouré par les marchandes de homards et de langoustes puisant ces crustacés à même les viviers. Profitant de ce que le capitaine n'était pas encore revenu de la poste où il avait porté un sac de courrier, si menu et exigu, je commençais à interroger les pêcheurs pour connaître leur existence, quand le capitaine est arrivé et m'a ramené à bord.

— Vous ferez vos questions à Ouessant, me dit-il, c'est la même chose.

Il me fallut quitter Molène, un des 569 habitants de l'île me fit promettre de revenir l'an prochain pour la fête patronale, Saint-Renan, qui a lieu le 15 août. Y retournerai-je jamais !

De nouveau, nous passons entre Molène et sa Lédénès, où des vaches paissent l'herbe courte ; voici encore les Trois-Pierres, puis nous entrons dans une passe périlleuse que commande l'île Balance ou Balanec. Cette terre renferme une seule ferme avec un petit troupeau qui paît dans les prairies. Quelques cultures font vivre les quatre habitants de Balanec. Très irrégulière de forme, elle projette deux péninsules rocheuses et se mamelonne en tertres gazonnés. Dans sa plus grande longueur Balanec a 800 mètres, dans sa plus grande largeur elle en a 400 à peine.

La *Louise* a rapidement dépassé cette petite île. Nous ne contemplons pas sans mélancolie sa ferme, l'unique ferme d'où monte un filet de fumée bleue. Quelle existence, celle de cette famille isolée au milieu de la mer, privée de toutes relations avec le continent ou les îles voisines pendant les longues tempêtes et les brumes !

Peut-être ces gens-là sont-ils heureux dans cette terre sans arbres : si leur verre est petit, ils boivent dans leur verre.

Quelques minutes plus loin nous passons en vue de l'île Bannec, c'est une colline longue de 800 mètres, large de 200 à peine. Très verte elle est cependant inhabitée. On n'y rencontre que des lapins, mais ils sont en multitude.

Maintenant les derniers rochers qui nous séparaient d'Ouessant ont disparu. La grande île s'é-

ILES BANNEC ET BALANEC

D'après la carte de l'état-major au $\frac{1}{80,000}$.

tend à notre droite, en face de nous l'Océan à l'infini. La grande houle du large, que ne brise plus aucun écueil, arrive à nous avec toute son amplitude. Des lames immenses se soulèvent, la *Louise* monte sur leur dos puis redescend dans le pli formé entre deux lames. C'est d'une majesté infinie.

— Enfin, s'écrie un de mes compagnons, je comprends l'Océan !

Et nous avançons ainsi en vue d'Ouessant dont peu à peu les détails s'accusent. Devant ces falaises, ces écueils, cette austérité, je songe aux îles plus tranquilles, plus heureuses d'aspect que j'ai déjà visitées, je comprends ce nom d'*Enez-Heussa*, « île de l'épouvante », donné à ce dernier coin de terre française vers l'ouest, et le proverbe breton :

« Qui voit Belle-Isle voit son île, qui voit Groix voit sa joie, qui voit Ouessant voit son sang. »

XIV

L'ILE D'OUESSANT

Le Fromveur. — Baie de Porspaul. — Lo Corce. — Lampaul. Un menu. — A travers l'île. — Les pilleurs d'épaves. — Les moutons d'Ouessant. — L'alcoolisme. — Une habitation ouessantine. — Au Stif. — La pêche des crustacés. — L'île de Kerollor. — La pointe de Créach. — Aventure de mer.

Ce passage du Fromveur, ouvert entre l'îlot de Bannec et Ouessant et sur lequel la houle nous balance avec une si majestueuse lenteur, est superbe ainsi. Il est couvert d'une infinité de petites voiles, ce sont les pêcheurs qui relèvent leurs casiers à homards et à langoustes. Le spectacle de ces vagues immenses, sans écume, presque huileuses, semblables à des collines aux pentes adoucies, est d'une indescriptible beauté, et en même temps d'une mystérieuse puissance. On se sent en proie à une vague terreur en songeant à ce que doit être ce détroit pendant les grandes tempêtes. Ce nom même de Fromveur, à consonance si poétique, vient de *from* « grand » et *meur* « effroi ». Les marins qui sont à bord le contemplent avec une sorte de respect. Par les fortes mers il est inabordable ; tout navire à voiles qui s'y engage est perdu : le courant est terrible, il peut atteindre 7 à 8 nœuds pendant les grandes marées aux abords de l'île. Alors l'accès de la baie de Porspaul est impossible, le vapeur et les embarcations évitent de s'engager dans le Fromveur, ils font route au nord pour aller dans la baie du Stif, abritée des vents d'ouest, où le ressac est moins violent.

La *Louise* court entre les écueils ; à droite, à gauche, devant, derrière, ce ne sont que des rochers d'un abord hargneux. Quelques-uns dépassent à peine le sommet de la vague ; tout à coup celle-ci se creuse et l'écueil semble grandir. En même temps le petit vapeur descend, on dirait qu'il est attiré contre le récif, des cris d'effroi se font entendre, mais le flot remonte et de nouveau le rocher ne montre plus que son front rugueux, couronné d'écume. C'est sinistre, terrifiant, mais sublime.

Nous rasons les côtes à les toucher. Quel aspect inhospitalier ! jamais je ne vis accueil plus farouche, et cependant le ciel est pur, la mer est belle. Encore quelques écueils à éviter, nous doublons le promontoire déchiqueté appelé Pors Coret et devant nous s'ouvre une baie large et profonde, qui serait un des plus beaux ports de l'Océan si elle n'était pas orientée dans la direction de l'ouest, d'où viennent les plus violentes tempêtes. C'est Porspaul.

A droite et à gauche, des côtes hérissées de rochers supportent des terres nues, jaunes de moissons, à travers lesquelles s'alignent les maisons grises des hameaux. Le premier en vue est au nord, Loqueltas, village de 82 habitants dominé par le phare et le sémaphore de Créach. Au milieu du golfe un îlot rocheux très haut, très escarpé, semble fermer tout à coup le passage ; d'allure fière et menaçante à la fois, cette aiguille dresse son sommet à 34 mètres au-dessus du flot. Contre l'énorme récif la mer vient battre, elle y brise son élan. Cet écueil s'appelle « le Corce ».

A peine l'a-t-on doublé et l'aspect de la baie se modifie : au fond une petite plage de sable s'étend au pied d'un mamelon sur lequel s'étagent les maisons éparses d'une bourgade, c'est Lampaul [1], village de 300 habitants, capitale de l'île. Une amorce de jetée à l'entrée d'une crique sert de port, là viennent déboucher deux ruisseaux assez abondants, au cours parallèle, dont les vallons

---

1. Appelé Ouessant sur la carte.

jumeaux divisent l'île en deux versants. Tout autour de la crique et de la baie s'étendent de tristes hameaux : Kerandraon, Feuntein-vélen, Toul-al-Jan, Kerivarch, Paraluchen, dont les habitations grises sont alignées sur les chemins.

L'arrivée de la *Louise* ne paraît pas émouvoir beaucoup les insulaires ; le syndic des gens de mer et ses marins sont venus chercher le commissaire de la marine ; sauf ces fonctionnaires et la marmaille de Lampaul, le petit môle est désert.

Le village est quelconque, ses maisons dominent le fond vert du vallon où, dans un jardin, on me montre un pommier et un second arbre, saule ou tamarix ; c'est, avec deux ou trois autres arbustes souffreteux, toute la végétation arborescente de l'île. Les vents sont si terribles que les arbres ne peuvent pas résister.

Touristes et marchands brestois, nous nous retrouvons à la table de l'auberge, table plantureuse, où les langoustes et les homards dressés en buisson, servis avec une profusion extraordinaire, forment une entrée royale, puis c'est le tour du mouton d'Ouessant, une bête petite mais délicieuse, dont les côtelettes et les gigots ont un vif succès. C'est le menu courant de la table d'hôte : il n'y a ni bœuf, ni veau à Ouessant, où l'on ne trouve pas de boucher ; on doit apporter ces extras du continent.

Au dessert, la servante présente, avec respect, sur un grand plat, une masse tremblotante, un flan monstrueux d'un blanc verdâtre, on l'annonce comme une délicatesse particulière à l'île, c'est le produit d'un mélange de lait et d'une variété de varech. L'idée d'une confiture de goëmon nous fait rire, nous essayons du bout des dents ; c'est froid et gélatineux, sans goût bien prononcé, ça peut se manger, mais je doute que le gâteau d'Ouessant ait jamais un grand succès sur les tables parisiennes.

Pendant le déjeuner on a préparé la voiture qui doit me permettre une rapide visite de l'île. C'est un char-à-bancs dans lequel prend place, à côté de moi, le jeune ménage de la rue Ménars. La fille de la maîtresse d'auberge va conduire, cette grande et grave personne a abandonné le costume local pour celui des petites bourgeoises de Brest. Malgré cette transformation, elle a conservé une allure sévère, nos plaisanteries et nos compliments sur son habileté à mener des chevaux ne peuvent l'émouvoir. A peine répond-elle à nos questions.

Par un chemin montueux et raboteux qui

passe devant l'église de Lampaul et un grand bâtiment, le plus vaste de l'île, servant d'école et de pensionnat de jeunes filles, nous remontons le versant nord du vallon central. D'ici on se rend bien compte de la configuration de l'île. Ses hauteurs culminantes sont au bord même de la mer, les plus élevées à l'est, vers la baie du Stif. Des crêtes des falaises le sol s'abaisse, en pentes douces, vers le centre de l'île, qui forme ainsi une sorte de cuvette ébréchée, où la brèche serait formée par la baie de Porspaul. Tout est nu ; sans les touffes d'ajoncs cultivées çà et là pour produire un peu de bois de chauffage, on ne verrait qu'une terre plate, chaume ou pâturage.

De Lampaul à Kernonen, sur un kilomètre, il y a quelques cultures : champs d'orges ou de pommes de terre. Les maisons sont assez coquettes, quelques vases de fleurs, des plantes grimpantes les égaient. A Kernonen, gros village, il y a une petite agitation, nous retrouvons là une partie de nos compagnons du matin, on vient de procéder à la vente des épaves. Les gens à qui je demande des détails ont un rire narquois : les épaves vendues étaient d'un usage difficile, c'étaient des billes d'acajou venues à la côte. En dépit des lois qui attribuent à l'État tous les objets provenant de naufrage et non réclamés, les Ouessantins continuent en effet à se considérer comme propriétaires légitimes de tout ce que le flot pousse sur leurs rivages, les traditions des pilleurs d'épaves ne sont pas prêtes à s'effacer. Si la mer avait jeté autre chose que des billes d'acajou, matière aussi utile aux îliens que des bottes à un marsouin, il est probable que l'on n'aurait pas eu à procéder à un encan.

Passé Kernonen, la nature se fait sauvage. Aux champs succèdent les pâturages, pelouses d'un gazon ras où les moutons paissent par centaines, moutons à peine plus grands et plus gros que des roquets, pour la plupart d'un noir d'encre. Ces animaux vivent et se reproduisent en pleine liberté, le seul soin qu'on en prenne est de leur créer de petits abris d'un aspect singulier. Ils sont en très grand nombre, 5,000 à 6,000 au moins ; or l'île a 1,500 hectares de superficie à peine, dont la moitié environ est cultivée.

De temps en temps nous traversons un hameau presque désert, pas un homme, tous sont à la pêche. Comme dans les autres îles bretonnes la femme seule travaille la terre. Les travaux des champs sont finis maintenant, la moisson est achevée, les tas de blé hérissent au loin les terres. Les femmes que nous croisons vont faire paître les jolies petites vaches de l'île. Ces Ouessantines sont grandes, pâles, farouches dans leur costume noir qui rappelle celui des femmes corses. Les fillettes, au contraire, portent des fichus de couleurs éclatantes, où le rouge et le vert dominent. Rouen doit avoir un important débouché à Ouessant pour ses impressions d'Indiennes.

La plupart de ces femmes sont maigres, ridées et osseuses, aux yeux caves ; elles doivent cet aspect à leur dure existence, aux travaux des champs, à la récolte du varech qu'il faut arracher à la lame et dont elles portent des faix sous lesquels ploieraient des hommes vigoureux. Ajoutons à cela une hygiène mal entendue, une nourriture insuffisante et l'on comprendra l'aspect maladif de ces « Iliennes ».

Les énormes progrès réalisés depuis cinq ans dans l'hygiène publique, même au fond de campagnes jadis arriérées, ne se sont pas encore fait sentir ici. Le tableau d'un intérieur ouessantin n'a pas changé depuis des siècles, peut-être a-t-il perdu au contraire par les progrès de l'alcoolisme. Vers 1772, un des doux humanitaires du temps, M. de Sauvigny, écrivait un livre dans lequel il nous montrait dans Ouessant un véritable Eden. Il n'y avait sans doute jamais mis les pieds, car il aurait évité de faire de l'île le tableau enchanteur qu'il en a tracé. On dirait un paradis ter-

ILE D'OUESSANT

Extrait de la carte d'état-major au $\frac{1}{80,000}$

restre. Mais peut-être était-il mieux informé en ce qui touche à la pureté des mœurs, à la tranquillité de ce petit peuple. Le tableau reste assez vrai aujourd'hui encore, bien que l'alcool ait amené à sa suite son cortège de bruyantes querelles.

Il y a cent ans il n'y avait qu'une auberge dans l'île et elle ne pouvait vendre qu'une bouteille de vin par jour au même individu; cette réglementation, ainsi que la fixation du bénéfice du vendeur, remontaient fort loin.

Les femmes ne sont pas les moins empressées aux cabarets. Dans cette île où l'on ne connaissait pas l'eau-de-vie au commencement du siècle, il y a dix-sept débits aujourd'hui pour 2,300 habitants. Un médecin de la marine, longtemps détaché à Ouessant, et qui a pris l'île pour sujet de thèse, le docteur Bohéas, raconte que l'alcool est de toutes les fêtes : baptêmes, mariages, décès sont l'objet d'excès alcooliques, « la tristesse et la joie de l'habitant se mesurent à la quantité d'alcool qu'il absorbe. » Il nous montre ce pénible spectacle de chaque jour, surtout du dimanche : « Des mères de famille, des jeunes filles même, pêle-mêle avec les hommes dans les auberges, ingèrent de pleins verres d'une mauvaise eau-de-vie, qui rappelle les effets d'un liquide corrosif au simple contact d'un palais qui n'y est pas habitué. D'autres s'enferment chez elles pour se livrer à cette passion. »

Quant aux hommes, si, pendant la semaine, leur dur métier de pêcheurs les tient éloignés de la mer, le dimanche ils affluent dans les cabarets : hiver comme été on trouve les chemins et les fossés jonchés d'ivrognes qui y passent souvent la nuit, exposés à la pluie. On devine ce que devient la vie du foyer chez ce peuple représenté il y a un siècle comme vivant dans l'âge d'or et dont, il y a quarante ans encore, un écrivain maritime parlait comme d'une population paisible. Il cherchait même à expliquer cette tranquillité par la rudesse de l'existence : « Si les vices du continent, disait M. Dauvin — après Cambry, ne règnent point dans cette île, cette situation morale n'est point le fruit des principes ni de la réflexion ; ce n'est que le résultat nécessaire de toute absence de sensibilité, d'imagination; de cet état enfin où l'homme n'établit que par un mouvement matériel une différence entre son existence et celle du rocher qu'il habite. La sobriété et la modération n'y sont que la conséquence forcée de la misère. Heureux dans cette vie toute passive, que leur a faite l'habitude, plutôt par l'absence du mal que par la présence du bien, les classes et les levées d'hommes exercées pour la marine sont les seuls tourments réels qu'ils éprouvent. »

Question d'alcoolisme à part, la situation des Ouessantins n'a pas beaucoup changé, pas plus que n'a changé leur manière de vivre. Les maisons sont toujours les mêmes incommodes logis de la côte bretonne, sauf que les facilités plus grandes de communication ont permis l'emploi de l'ardoise qui, lentement, remplace le chaume dans beaucoup de villages.

Entrons, si vous le voulez, dans une de ces maisons, au village de Frugulou. C'est une masure en morceaux de granit, sans mortier, la pierre est simplement reliée par de l'argile, mais un crépi de chaux lui donne une apparence de propreté. Comme la plus grande partie des maisons de l'île, elle n'a qu'un étage. La porte ouvre sur un étroit couloir, dont le sol est de terre battue, creusé de trous. Les parois sont en planches et servent de fond aux lits-armoires en usage dans la Bretagne. D'étroites ouvertures, à droite et à gauche, donnent accès dans des pièces éclairées par de minuscules fenêtres. De chaque côté de la salle s'ouvrent les armoires-lits. Il y en a deux, quelquefois trois ou quatre, superposées au-dessus du large banc de chêne bruni qui fait le tour de l'appartement et dont le siège sert de coffre mobile destiné à la provision d'orge de la famille. Deux tables d'un bois épais, l'une pour les repas, l'autre recouvrant le pétrin. Selon la fortune des habitants il y a d'antiques dressoirs de chêne, des bahuts, des armoires aux flancs ténébreux. Aux murs, de grossières images représentant des saints bretons, l'empereur Napoléon, le général Boulanger, le comte de Paris ou Jean-Bart, produits d'Épinal que la chromolithographie n'a pas encore détrônés. Dans une immense cheminée au manteau recouvert d'ustensiles de cuisine, brûle un maigre feu de branches d'ajonc, de bouse de vache et de mottes de gazon desséché.

Tout cela incommode, sans lumière, suant l'humidité. Une odeur caractéristique saisit à la gorge, due à l'entassement de tant d'êtres humains, car souvent cette pièce sert d'abri à deux familles à la fois. Chez les plus pauvres, le même lit sert à toute la famille. Et quels lits ! Écoutons le docteur Bohéas qui a dû soigner des malades dans ces gîtes :

« Les lits sont de vastes armoires complètement closes, sauf, bien entendu, sur le devant, où existe un trou pour s'introduire. Une paillasse qui n'est remuée qu'une fois par an, lorsqu'on la renouvelle, un ou deux draps et quelques couvertures, souvent remplacées par les vêtements chez les indigents, composent la literie. Or, dans cet antre obscur grouillent souvent ensemble tous les membres d'une même famille, mari, femme et enfants mêlés. Un habitant digne de foi me racontait que lorsqu'il était jeune, ils couchaient les six frères ensemble dans un semblable lit, et qu'ils y contractèrent en même temps la variole ; chose étonnante ils n'en moururent pas tous. »

Pour ne pas être accusé de pousser le tableau au noir, j'ai tenu à reproduire cette description faite par un homme qui a vécu longtemps dans l'île et dont les efforts n'ont pu triompher de la routine, à tel point, conclut-il mélancoliquement, « que si une force supérieure n'intervient pas, ces lits seront encore tels dans cinq cents ans d'ici ».

Le docteur a emporté d'autres impressions sur le manque d'hygiène ; il faut l'entendre parler de l'absence totale de soins du corps : « C'est une véritable horreur de l'eau et des lavages ; à part les jeunes garçons, nous n'avons pas souvent vu d'habitants se baigner. » De fait les deux baigneurs qui ont choisi l'île comme station estivale n'ont jamais eu un seul compagnon de bains sur la plage solitaire de Lampaul.

La nourriture n'est pas pour restaurer les corps débilités par cette déplorable existence. Le pain est le même que celui de Molène, bien que les boulangers commencent à faire concurrence aux ménagères ; un peu de porc salé, du poisson, le plus souvent séché et salé, de temps à autre du mouton, voilà, avec les pommes de terre et le lait caillé, la base de l'alimentation, peu de volailles, partant peu d'œufs ; quant au poisson frais et aux crustacés ils sont vendus au dehors.

La boisson est un mauvais vin, un peu de cidre venu du continent, surtout l'eau des nombreuses fontaines de l'île, dont le débit, supérieur à ce que devraient normalement donner les pluies engouffrées sur cette aire étroite, étonne les géologues.

En somme, l'île fortunée dont les philanthropes du siècle dernier ont parlé avec tant d'enthousiasme — sans être jamais allés contrôler la légende — est encore bien arriérée au point de vue du bien-être. Avec un peu de soin et d'hygiène, la population serait superbe cependant. Le climat est sain, ceux des Ouessantins qui ne portent pas les traces de l'alcoolisme sont de haute taille, bien musclés.

Au port du Stif j'ai rencontré de superbes échantillons de cette race robuste, que l'eau-de-vie amène rapidement à la dégénérescence. Les gardiens du sémaphore notamment sont d'une admirable stature.

Le sémaphore du Stif et le phare qui l'avoisine sont à la partie la plus élevée de l'île. La falaise, sur ce point, atteint 63 mètres d'élévation, dans une péninsule hardiment projetée. De la plate-forme du phare on découvre toute l'île et l'immense étendue de la mer. Mais l'œil est surtout attiré par la large échancrure, à demi circulaire, bordée de rochers formidables, qui s'appelle la baie du Stif. Là, entre les villages de Kerlaouen et du Stif, une pointe de roches forme un môle naturel. Lorsque les vents d'ouest rendent la baie de Porspaul intenable, le vapeur et les bateaux de l'île viennent y relâcher. Pendant presque tout l'hiver on ne peut aborder l'île qu'au Stif. Encore la mer doit-elle y être terrible.

J'ai causé un instant avec un pêcheur qui est venu près du phare voir des « Parisiens ». Le tableau de cette existence est navrant. Nulle part, plus que dans cette mer orageuse qui s'étend de l'île de Sein à Molène et à Ouessant, les dangers ne sont plus nombreux. Cependant, à travers ces écueils, les pêcheurs s'en vont sur de petits canots, gréés en sloops, dont quelques-uns jaugent à peine un demi-tonneau et ne dépassent pas

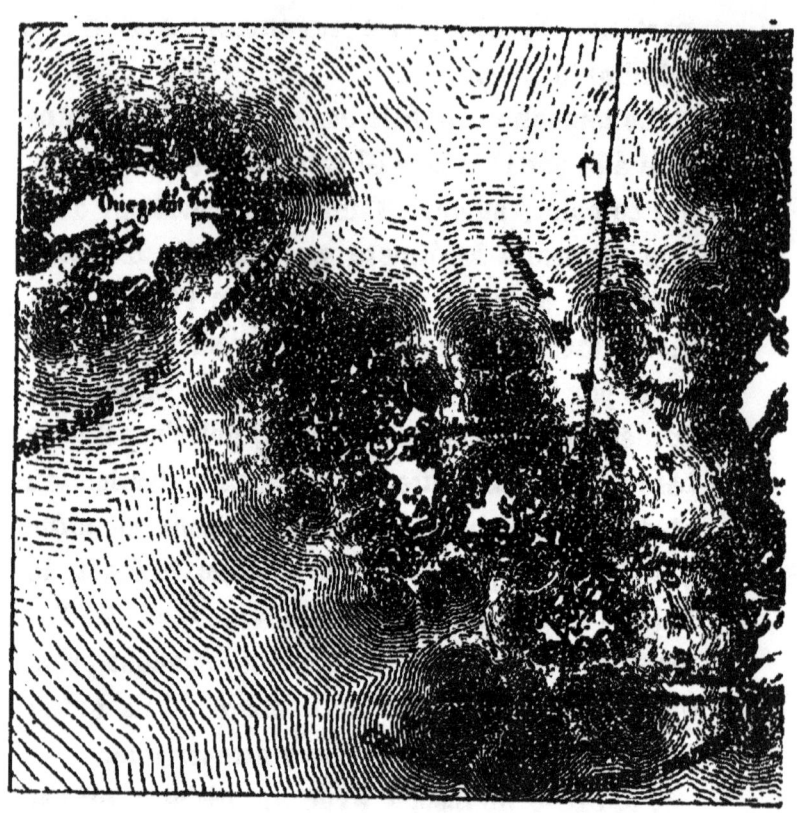

ARCHIPEL D'OUESSANT

D'après la carte de l'état-major au $\frac{1}{380,000}$.

quatre à six tonneaux. Dans ces embarcations, non pontées, montées par 2, 3 ou 4 hommes, les pêcheurs aux casiers affrontent les courants violents, nombreux et instables, les brumes, les tempêtes formidables. Les plus petits bateaux restent près des îles, autour de « leurs cailloux », les plus grands vont à 6 ou 9 milles à l'ouest, au large des Pierres-Noires.

La pêche est presque exclusivement celle des crustacés. Langoustes et homards sont capturés au moyen de casiers fabriqués dans le pays par les vieux marins qui ne peuvent plus aller en mer. Chaque casier revient à 1 fr. 25 c. ou 1 fr. 50 c. à l'ouvrier, ils sont vendus 2 fr. 50 c. à 3 fr. Le câble pour l'immerger, les bouées de liège élèvent le prix à 8 ou 10 fr. Chaque pêcheur mouille dix à douze de ces appareils, c'est donc un petit capital assez considérable et qu'il faut fréquemment renouveler, car les courants, qui atteignent parfois 7 à 11 nœuds, couchent les bouées sous les eaux et il est impossible de les retrouver.

Autour de l'île, surtout sur les Pierres-Noires, on aperçoit les bouées par milliers.

La pêche a lieu toute l'année, même au fort de l'hiver, mais elle est particulièrement active de mars à octobre. Les crustacés sont vendus soit en Angleterre ou en Normandie par l'intermédiaire de petits caboteurs, soit aux marchands de l'Aberwrac'h, du Conquet et d'Audierne qui les conservent dans des viviers. Mais on commence aussi à expédier directement sur Paris.

D'après les renseignements que m'a fournis M. Roché, le savant inspecteur des pêches, les homards se sont vendus cette année (1893) de 9 à 15 fr. la douzaine et les langoustes de 15 à 30 fr. C'est peu si l'on considère les prix de ces crustacés à Paris. Aussi les pêcheurs ne font-ils pas fortune. Pour douze mois de ce labeur ils arrivent à gagner 400 fr.; sans le travail des femmes ils ne pourraient vivre, car on ne peut compter pour une ressource le produit du tricotage des bas que font les Ouessantins en dehors de la pêche, quand leurs femmes peinent sur la glèbe.

Du haut du phare du Stiff on aperçoit en multitudes les voiles de ces hardis pêcheurs, elles ne rentreront que ce soir au port, dans les nombreuses criques qui avoisinent les villages.

Notre conductrice s'impatiente. En route ! Pour nous faire visiter la côte septentrionale, la voiture suit les pâturages par des chemins à peine frayés, mais d'où nous pouvons découvrir la mer. Voici la baie sauvage de Bininon avec une vieille batterie. Au large se dresse une île rocheuse, de difficile accès, couverte d'une pelouse, longue de sept à huit cents mètres, large de cinq cents, jadis fortifiée mais aujourd'hui déserte. C'est l'île de Kereller à laquelle des écueils font cortège. Nous traversons des pâtures pelées, des petites landes où sèchent des tas de gazon destinés à faire du combustible, les tristes villages de Keranchat, de Kergadou, de Niou-Izella, en vue du plus étonnant chaos de roches que puisse offrir la Bretagne.

La mer arrive sans obstacle ici, poussée par les vents d'ouest depuis les terres d'Amérique. Aussi les lames sont-elles monstrueuses, elles ont enlevé toute la terre végétale, le granit de couleurs éclatantes, rouge, blanc, fauve, se présente en aiguilles, en obélisques, en tables unies. De monstrueux galets couvrent les parties plates. Ce chaos de roches dépasse en splendeur les côtes sauvages d'Yeu et de Belle-Isle.

Le spectacle est surtout merveilleux à la pointe occidentale, près du sémaphore de Créach. C'est là qu'il faudrait venir, un jour de tempête, pour contempler l'Océan.

Les villages dans cette partie de l'île ont un aspect plus sévère encore que dans la région du Stiff. Il n'y a pas de cultures, mais seulement des pâturages maigres au milieu desquels les grandes fleurs roses des mauves apportent un peu de gaîté.

Ici s'achève la visite de l'île ; depuis le Stiff sur 8 kilomètres et demi nous l'avons traversée dans toute sa longueur. Il faut la quitter, ce n'est pas sans regret. Mes compagnons veulent en emporter un souvenir. Ils achètent pour trois francs — encore a-t-on surfait le prix de l'animal, paraît-il — un de ces beaux petits moutons noirs que nous avons rencontrés.

On félicite la pauvre bête de son bonheur, elle va quitter son rocher solitaire pour le balcon de la rue Ménars où elle aura chaque matin un peu de laitue et du pain blanc. Le mouton répond en bêlant. Peut-être dit-il qu'il préfère encore son île.

Pendant qu'on débat le prix du petit animal je cause avec les gardiens du sémaphore. Ces braves gens, l'œil sans cesse fixé sur la vaste mer pour correspondre avec les navires, ne savent rien de la vie de leurs voisins.

A grand'peine j'apprends un détail touchant. Quand un Ouessantin meurt hors de l'île ou en mer, on porte une croix dans sa maison, le curé et le clergé vont chercher cette croix, on la conduit à l'église et de là au cimetière avec les prières accoutumées et on l'inhume comme on aurait fait du mort.

Les mariages ne sont pas moins singuliers ;

bien que les vieilles coutumes s'émoussent un peu. On voit encore parfois la jeune fille, ayant fait choix d'un époux, se rendre chez lui avec son père et sa mère, s'installer chez ses futurs beaux-parents, vaquer avec eux aux soins du ménage. Au bout de quelque temps, si elle a plu, si elle-même est satisfaite, le mariage a lieu, sinon elle retourne chez elle.

A en croire les philanthropes du siècle dernier, l'âge d'or valait à Ouessant des mœurs plus simples encore. Lorsqu'un jeune homme apprenait qu'une jeune fille voulait l'épouser il se tenait au lit; la jeune fille, accompagnée de ses parents, allait le trouver et lui présentait un morceau de lard. Si le jeune homme acceptait, le mariage avait lieu, sinon elle rentrait chez elle.

Trouve-t-on encore trace de ces mœurs bizarres? Je n'ai pu le savoir, la *Louise* sifflait pour nous appeler, il a fallu gagner Lampaul et nous embarquer pour une navigation qui ne manqua pas de péripéties.

Comme le matin, le ciel était d'une limpidité extrême. Pas un nuage, pas un souffle d'air, même la grande houle du large, si puissante le matin, semblait s'être assoupie. La *Louise*, après avoir doublé Pors Coret, s'était engagée entre les écueils, quand sa marche devint saccadée; nous avions dépassé l'île Bannec, déjà les lignes heurtées d'Ouessant, ses presqu'îles, ses petits ports se fondaient en une seule bordure de falaises couronnées par les villages, quand, soudain, le frémissement de l'hélice s'arrêta.

Les propos du commissaire revinrent alors à la pensée ; une religieuse qui ramenait des pensionnaires sur le continent demanda une neuvaine, on fit une collecte. A peine avait-on trouvé l'argent nécessaire à quelques messes que la machine recommençait à fonctionner, mais par à-coup, on put ainsi arriver en vue de Molène et entrer dans le port. Une fois là, impossible de retrouver de la pression.

Un prêtre passager, ancien marin, réussit à calmer l'émoi, il fit mettre la voile, mais le vent manquait ; enfin tantôt à la voile, tantôt par les quintes de la machine on put atteindre le chenal de la Helle et le chenal du Four. On apercevait distinctement le Conquet quand la machine refusa décidément tout service. Prières et exclamations recommençaient.

Heureusement un souffle léger survint, le courant portait vers la terre ; voici le phare de Kermorvan et la jetée du Conquet. Nous avions trois heures de retard, la nuit venait, déjà on doutait de notre retour.

On peut cependant doubler le musoir et nous débarquons à quai, les uns avec leur mouton, la plupart avec une langouste, les négociants de Brest avec leur bille d'acajou. C'est égal, si la *Louise* avait ainsi manqué de force pendant un vent un peu frais, nous aurions pu faire connaissance intime avec les Trois-Pierres ou tout autre récif !

XV

ILES DE LA RADE DE BREST

La rade de Brest. — Le Goulet et ses défenses. Le port de guerre et la Penfeld. — Voyage nocturne sur la baie. — La presqu'île de Roscanvel. — L'île des Morts. — L'île de Trébéron. — L'île Longue. — Paysage de la rade. — Autres îles : le Blnde, Tibidy, Térénez. — L'île Ronde et la pointe de l'Armorique.

De tous les accidents géologiques qui creusent le territoire de la France et font pénétrer la mer dans l'intérieur, aucun n'est plus grandiose que l'énorme bassin formé par les estuaires de l'Aulne, de l'Elorn et de la Penfeld et qu'on appelle la rade de Brest.

Cette rade n'a pas la grâce du petit golfe de Toulon, elle ne possède point les sites riants des îles comme le Morbihan, mais par son étendue, par la majesté de sa nappe d'eau, l'infini des horizons, la mélancolie du ciel, les découpures hardies des collines, elle présente un des plus beaux tableaux maritimes du monde entier.

Lorsque Brest sera rapproché de Paris par des trains plus rapides, quand, le réseau des petits chemins de fer du Finistère étant achevé, la mode aura adopté ces plages, ces rochers, ces flots, ces *abers* de la région brestoise, la rade de Brest reprendra parmi les beautés de notre pays le rang mérité depuis si longtemps.

Aujourd'hui, à moins de circonstances extrêmement favorables, la visite de la rade est une entreprise difficile et de longue haleine; le touriste pressé ou peu fortuné n'a guère chance de la mener à bien. L'absence de villes sur les rivages de l'immense bassin a empêché la création de services quotidiens de vapeurs.

Deux fois par semaine seulement on peut se rendre à Roscanvel, au Fret ou à Lanvéoc. Jeté loin de tout centre, il faut attendre jusqu'au soir le départ. Si l'on manque cet unique bateau, on doit renoncer à trouver un gîte. Quant au voyage de Châteaulin, par les rives pittoresques de l'Aulne, il se fait rarement et au prix de longues heures de traversée.

Aussi, bien peu de voyageurs ont-ils visité la rade en entier. Depuis plusieurs années, je me propose cette expédition, toujours une partie du programme doit être abandonnée. Si je puis aujourd'hui me rendre dans les petites terres insulaires, je le dois à la gracieuseté des autorités maritimes.

Déjà j'avais visité une partie de la rade, vers le Goulet, dont la visite par la côte est loin d'être facile. Sauf un sentier vertigineux sur les falaises, aucun chemin n'y conduit. Brest n'a pas encore, dans le grandiose passage conduisant à l'Océan, la *Corniche* qui lui donnerait une des plus grandes attractions de la Bretagne.

Je voulais alors, vers 1891, assister au forcement du goulet par l'escadre du Nord ; j'écrivais, au moment même où les attaques eurent lieu :

« C'est une merveilleuse suite de paysages, ce sentier de la falaise. Le goulet rappelle le Rhin, entre Coblence et Bingen, un Rhin plus large et plus majestueux, mais les vieux forts Mengant, Pellec, Robert n'ont rien à envier comme pittoresque aux forteresses rhénanes. C'est là, blotties au pied de chacun de ces forts, au bord de clairs ruisseaux envahis par le cresson, que les batteries modernes ont été construites...

« Du haut des falaises de Dellec, qui commandent tout le goulet, on a sous ses pieds le chenal, courant comme un vaste fleuve, avec ses rives accores, ses petites anses, ses forts étagés.

« La roche Mengant, sinistre écueil surmonté d'une tour balise en maçonnerie et près duquel on voit l'écume produite par d'autres rochers sous-marins, se dresse au milieu du passage.

« Vers l'ouest la mer s'ouvre, précédée par le phare du Minou et les rochers bizarres du Toulinguet. A l'est, c'est la rade de Brest divisée en deux parties par la pointe de l'Armorique. L'immense lac marin paraît désert. Sauf Brest, aucune ville ne s'élève sur ses rives, et Brest est masqué par le fort de Portzic; les collines sombres, grâce aux fourrés d'ajoncs qui les couvrent, ne s'éclairent que par place : damiers jaunes des moissons, teintes blanches des sarrazins en fleurs mettent un peu de douceur dans l'aspect de cette nature austère.

« D'ici les détails du goulet apparaissent avec une netteté absolue; mais il faut beaucoup d'attention pour reconnaître les batteries. Sur les sommets, de grosses taches longues et noires s'étendent sur le gazon ; d'autres se remarquent à l'issue des ravins; ce sont les canons, si bien dissimulés que l'ennemi ne pourrait deviner leur présence avant qu'ils aient ouvert le feu.

« A l'entrée du goulet, le fort de Toulbroch, devant lequel s'étagent des batteries nombreuses, commande la pointe du Grand-Minou. La colline est entourée de profonds ravins aux pentes à pic qui lui font des fossés naturels. On l'a transformée en une redoutable citadelle. De l'autre côté du ravin du Minou, près du sémaphore, masquée par celui-ci, est une autre batterie.

« Sur la côte opposée est la pointe des Capucins, comme un énorme éperon projeté par la presqu'île de Roscanvel. Un énorme rocher s'en est détaché ; il a été relié à la côte par un pont hardi et il reçut jadis un fort qui subsiste encore, mais ne peut guère servir à la défense. C'est dans l'épaisseur même de la roche que des batteries ont été créées ; de là aussi se font les projections qui, avec celles du Minou, éclairent la passe. Au-dessus de la roche des Capucins, la falaise a reçu un armement puissant. Toulbroch et les Capucins forment ainsi une défense redoutable. »

Si j'ai reproduit ces lignes, déjà publiées ailleurs[1], c'est qu'elles feront mieux comprendre la valeur énorme de la rade de Brest au point de vue de la défense nationale. La situation de ce grand port à l'endroit où la Manche rejoint l'Océan est une position maîtresse, dont la perte aurait d'incalculables conséquences pour notre pays. Aussi comprend-on les énormes sacrifices qui ont permis de rendre l'entrée du goulet et le séjour de la rade impossibles à une flotte ennemie.

---

1. L'ARMÉE ET LA FLOTTE EN 1899. — *Les manœuvres navales et les manœuvres militaires.* — Paris, librairie Rouam.

De la pointe des Espagnols, extrémité de la presqu'île de Roscanvel à l'île de Tibidy, qu'on peut considérer comme la limite du bassin, bien que la marée remonte beaucoup plus haut dans les rivières d'Aulne et du Faou, il n'y a pas moins de 21 kilomètres ; de Brest à l'anse du Fret, sur la rive méridionale, on en compte plus de dix.

Tout autour la mer se creuse de nombreux estuaires, transformant, à l'heure du flot, de maigres ruisselets en grands fleuves. Au nord surtout, la côte est dentelée d'estuaires, de baies et de criques. Au sud la côte est moins frangée, elle forme deux ou trois baies largement ouvertes. La plus profonde est fermée par trois îles, l'île Longue, qui est plutôt une péninsule, l'île des Morts et l'île Trébéron. J'ai voulu visiter ces îlots, à qui le voisinage de la grande ville maritime donne quelque intérêt.

Il était encore nuit quand notre embarcation à vapeur a poussé du pont Gueydon pour sortir du port de guerre. On sait que celui-ci est constitué par la faille profonde et sinueuse où la Penfeld, mince ruisseau venu des landes de Gouesnou, devient, grâce à la marée et aux efforts des ingénieurs, un chenal capable de recevoir les plus grands navires de guerre, à la condition de n'y pas virer de bord, car la grandiose cluse ouverte entre les granits a une largeur insuffisante.

A cette heure matinale l'aspect du port est fantastique. Au flanc des collines, vaguement éclairées par les reflets des lampes électriques, les énormes constructions de l'arsenal s'étagent, montrant par leurs baies les chaudes lueurs des forges et les lumières plus pâles des ateliers. Jetés par-dessus la Penfeld, entre les deux sommets de Brest et de Recouvrance, le pont tournant tend son tablier régulier, sur lequel un cordon de becs de gaz apparaît, vu d'en bas, comme une voie lumineuse.

Dans la lueur blafarde montant de ces milliers de lumières, l'œuvre cyclopéenne prend un aspect aérien. Si, dans ce milieu bruyant de la grande ville de guerre, les Bretons ne perdaient pas leur tendance au merveilleux, ils croiraient sans doute à quelque œuvre surnaturelle de leurs grands thaumaturges Gildas ou Gonéré, ou à quelque œuvre infernale de l'enchanteur Merlin et de la fée Morgane.

Confusément se dressent, entre les collines illuminées, sur l'étroit ruban des eaux de la Penfeld, des choses fantastiques : grues à mâter, mâtereaux chargés de lourdes hunes, mâts et vergues qui se détachent mystérieusement dans la pénombre livide.

Au-dessous du pont aérien une passerelle de pontons, le pont Gueydon, barre le passage ; elle est sans cesse secouée par les pas des ouvriers se rendant à l'arsenal ou des matelots regagnant leur bord après une nuit passée à terre. C'est un grondement continu de sabots et de talons. Des sifflements rauques de sirènes, des bruits de vapeur s'échappant des canots se mêlent à ces rumeurs du réveil de Brest. A peine avons-nous démarré et le calme se fait, notre embarcation passe rapidement au pied des énormes tours et des épaisses courtines du château de Brest, un brusque détour de la rivière nous amène en vue de la rade dont les eaux sombres reflètent les rayons des phares du port et des feux de position des navires.

Le jour ne tardera pas à venir. Entre les nuages noirs qui couvrent le ciel, des trouées se sont faites, montrant des profondeurs laiteuses. Le canot va entre les navires dont les sabords éclairés font une illumination féerique. Le *Friant* est en essais, il vomit des fumées noires qui assombrissent encore cette scène nocturne. Plus loin, le *Bordu*, vaisseau école des aspirants, flamboie par les fenêtres de ses quatre rangées de sabords, montrant que les élèves sont déjà dans les amphithéâtres et les salles d'étude. La *Bretagne*, vaisseau école des mousses, paraît terne à côté, et ce-

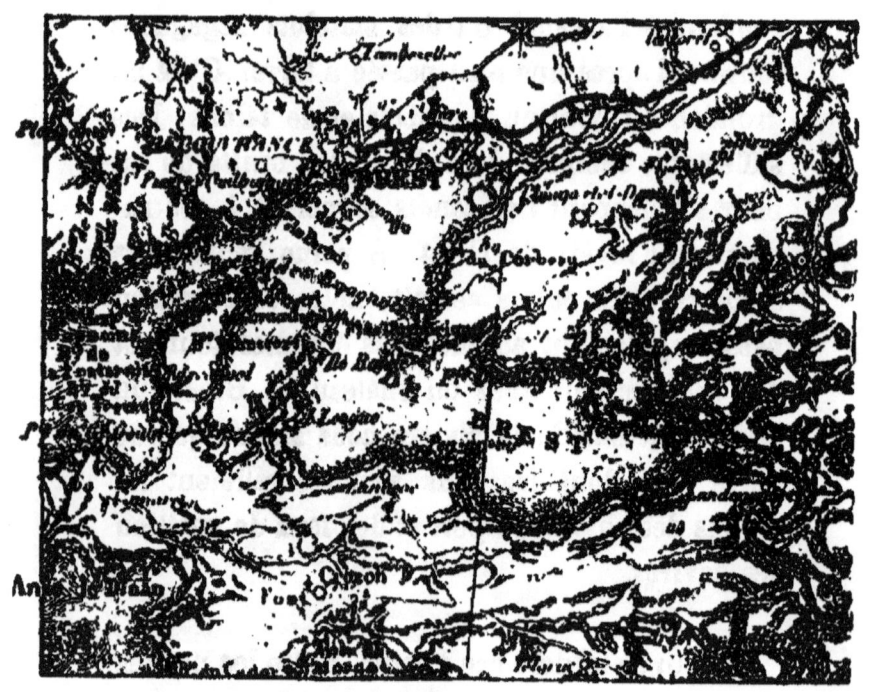

ILES DE LA RADE DE BREST

D'après la carte de l'état-major au $\frac{1}{320,000}$.

pendant elle a aussi tout son personnel à l'étude. Quelques rares lueurs sortent des sabords du *Requin*.

Nous passons à l'arrière du navire amiral, le

Suffren, puis, près du bateau-feu qui marque l'extrémité de la digue en construction destinée à masquer l'entrée du goulet ; sur une mer désormais sombre, n'ayant plus en vue que les vives lueurs des phares du Portzic et du Minou, nous allons rapidement ; la péninsule de Roscanvel nous masque bientôt les derniers feux, mais l'aube se lève peu à peu et éclaire lentement l'immense baie sur laquelle se détachent, à plat, les rivages hardiment taillés. Roscanvel apparaît tout blanc au pied de sa colline ; au milieu d'une anse très vaste se dressent deux îlots. L'un, couvert d'un panache de pins, est Trébéron, l'autre, nu, le sommet couronné de remparts, est l'île des Morts.

Nous abordons celle-ci. De la cale en pente, rendue glissante par les algues fines, je monte sur la jetée du petit port, bordée par une construction basse servant de porte et de logement à une partie du personnel. L'île, malgré sa faible étendue, renferme, en effet, quelques habitants. C'est un dépôt de poudre pour la marine, où les gargousses et les monstrueux projectiles modernes remplacent les tonneaux à poudre primitifs pour lesquels, en 1808, on construisit d'immenses magasins. L'adjudant gardien, sa femme et ses enfants, un pompier et sa famille, quelques hommes de garde habitent sur ce rocher. En tout 16 habitants, 20 quand le poste est au complet.

L'adjudant m'a fait parcourir l'étroit domaine. Un plateau rocheux, où croît une herbe savoureuse, nourrit quelques chèvres et moutons, même quelques moutons nains d'Ouessant qui, par leur taille, jouent ici le rôle des lapins de choux à la campagne ; lorsque les provisions manquent, on égorge une de ces petites bêtes et l'on a des provisions pour deux ou trois jours. Dans les parties les plus abritées, on a patiemment établi des jardins où des cerisiers et de la vigne prospèrent. Sur les rochers une mince couche d'herbes, la fougère et l'ajonc mettent un peu de verdure autour des constructions jalousement closes de la poudrière.

Rien n'explique ce nom funèbre d'île des Morts. L'île aurait, selon les uns, servi de cimetière aux Espagnols qui assaillirent vainement Brest en 1543. D'autres veulent qu'on y ait enterré les morts du lazaret de Trébéron, enfin les fantaisistes prétendent que le nom de Maures conviendrait mieux, des pirates sarrazins s'y seraient installés !

Ni l'adjudant, ni le pompier n'ont pu trancher pour moi ce grave problème, j'ai dû quitter l'île sans l'avoir résolu, au moment où le vapeur *Laborieux* arrivait, remorquant un « bugalet » chargé de munitions.

En moins d'une minute, le canot accostait l'autre île, celle de Trébéron, et je pénétrais entre les bâtiments gris et vides où des lits attendent les équipages et les passagers des bâtiments mis en quarantaine. Cela ne peut pas passer pour un séjour folâtre. Cependant il y a quelques arbres, tamarixs, ormeaux et pins à l'entrée ; même un grand myrte prospère dans cette atmosphère humide et tiède. Une grande pelouse permet d'élever une vache ; dans les cours des bandes de poulets et d'oies piaillent et jacassent.

Je vous ferai grâce de la description du lazaret, des vastes salles remplies de couchettes ressemblent à des salles d'hôpital inhabitées. Le reste de l'île est divisé en deux parties par un grand mur de granit, destiné à séparer complètement les malades et les gens en quarantaine, dans le cas où il y aurait deux épidémies différentes à surveiller.

L'épaisseur de terre végétale est assez considérable sur Trébéron, les plantations y prospèrent. Près du lazaret une belle allée de pins traverse des fourrés d'ajoncs. Au delà, deux ou trois enclos servent de cimetières. Les tombes ne se devinent qu'à des mottes gazonnées. Là, dans un des enclos, reposent des fédérés, internés après la Commune et qui, blessés ou malades, moururent au lazaret. Dans un autre, une douzaine de tombes recouvrent, dit-on, les restes de déportés arabes. Même pour ces faits, qui sont de récente origine, l'oubli est déjà venu. Au milieu de ces tertres, à demi nivelés, une croix de bois se dresse, elle indique la sépulture d'un soldat, mort pendant l'épidémie de choléra qui fit tant de ravages, il y a deux ou trois ans.

Les cimetières sont vastes, la place libre est grande, aussi les gardiens du lazaret ont-ils transformé les enclos en jardins où ils cultivent quelques légumes.

L'autre face de l'île, regardant l'île des Morts, est plus sauvage. Ce sont de beaux bois de pins couvrant le rocher, où les torpilleurs viennent faire des exercices d'éclatement de roches et de rupture de voies ferrées. De là on a sur la rade, sur Brest, une merveilleuse vue.

Grâce à ses pins, Trébéron, sous le soleil, évoque l'idée d'un site de Provence, on se croirait loin ici du brumeux océan.

Le tour de cet étroit domaine, que domine le

mât où flotte, pendant les épidémies, le pavillon jaune, est rapidement fait. Le canot me conduit maintenant à l'île Longue, la plus grande de la rade. C'est une île, surtout par son caractère géologique : comme l'île Ronde, sa voisine de la pointe de l'Armorique, elle est de formation calcaire, phénomène étrange dans cette Bretagne où l'on ne rencontre que du granit.

En réalité, c'est bien plutôt une presqu'île, il faut de grandes marées pour couvrir le sillon qui la relie au continent. Presqu'île jalousement fermée, d'ailleurs, par des retranchements, comme sa voisine Roscanvel, dont les lignes de Quelern barrent l'entrée. Elle aussi est un camp retranché dont l'extrémité, formée par un promontoire à pic, haut de 42 mètres, est couronné par un fort très puissant.

Du sommet de ce promontoire, où m'a conduit, de la grève, un étroit sentier, la vue est grandiose. Par un temps clair comme celui dont je jouis aujourd'hui, aucun paysage maritime ne peut rivaliser avec ce panorama de la rade de Brest. Au nord la ville apparaît, ses maisons épandues sur les pentes de sa colline, à demi embrumée par les fumées montant du vallon invisible de la Penfeld. Devant elle les navires à l'ancre, lourds cuirassés, sveltes bricks de manœuvres, vaisseaux à trois ponts servant d'école. Plus loin, la rade se prolonge en un vaste golfe par le large estuaire de l'Elorn.

A droite de l'Ile Longue une péninsule effilée, la pointe de l'Armorique, projette en mer ses rochers couverts de batteries. Après cet étranglement la rade s'élargit de nouveau pendant plus de 15 kilomètres, jusqu'au fond de l'estuaire du Faou.

Une baie, celle d'Auberlach, les profonds estuaires du Moulin-Neuf, de Penfoul, de Daoulas, précédée par les îlots du Binde, de l'Hôpital, de Kérouse s'ouvrent encore sur la rade, faisant ressembler la contrée à un archipel de hautes et grandes îles.

Le paysage maritime est si vaste qu'on n'en distingue point les limites, les estuaires de l'Aulne et du Faou paraissent couper en deux parties la péninsule armoricaine. Dans ces lointains confus surgissent deux îles que je ne pourrai voir ; elles sont sans intérêt d'ailleurs : *Tibidy* à l'entrée de l'anse de Kerouse et *Térénez* en face des ruines romantiques de Landevennec. Sur le flot mat, à peine ridé, des voiles rousses se montrent, ce sont les embarcations des pêcheurs de goëmon.

Ce panorama de la rade de Brest est un de ceux qui produisent l'impression la plus profonde, même aux jours de brume, quand le dôme du Méné-Hom disparaît, l'immense golfe conserve cette grandeur et cette majesté.

L'Ile Longue a près de deux kilomètres de longueur sur moins d'un kilomètre de largeur. C'est un haut plateau de cultures où des terres très fertiles produisent des céréales et des légumes abondants. De grands champs de choux et des prairies révèlent un bétail assez nombreux. Mais les hameaux sont misérables et la route qui relie entre eux Bot-Huelch, Kermeur et Kernaliguen est un fossé boueux, presque impraticable. La plupart des habitants travaillent sur la côte occidentale de l'île où d'immenses carrières de pavés ont été créées, elles emploient 200 ouvriers et produisent de grandes quantités de cubes de pierre, employés dans toute la Bretagne et jusqu'à Paris.

Au sud, l'île est fermée par un retranchement bastionné appelé le « mur », une porte donne accès sur la grève que traverse le chemin du Fret.

En face, séparé par un étroit chenal de la pointe de l'Armorique, est une autre île, l'*Ile Ronde*, dont nous allons faire le tour. Elle n'a rien de bien curieux, c'est une roche très haute, disposée en strates très inclinées montrant des assises noires et blanches, sorte de marbre grossier dont on fit de la chaux avant que chemins de fer et bateaux à vapeur fussent créés. Au-dessus est une pelouse où les habitants du voisinage viennent couper de l'herbe, et une ligne de retranchements abandonnés, sorte de redan faisant face au fort de l'Armorique.

Le canot à vapeur passe au ras de l'île et nous repartons pour Brest dont, peu à peu, grandissent devant nous les hautes maisons grises.

TABLE DES MATIÈRES

LES ILES DE L'ATLANTIQUE

II. — D'Houat et Hoëdic à Ouessant.

I. — L'Ile d'Houat.
Pages.

De Quiberon à Port-Haliguen. — La Teignouse. — La légende de saint Gildas. — Arrivée dans l'île. — Le cheptel. — Les cultures. — Du haut du fort. — La procession. — Dans le village 1

II. — La Charte des Iles bretonnes

Une constitution théocratique. — Un petit Quatre-vingt-neuf. — Adoption du régime constitutionnel. 35

III. — L'Ile d'Hoëdic.

La maladie du curé d'Hoëdic. — Ile aux Chevaux. — Cortège féminin. — A travers l'île. — Les quatre cantons. — Pruneaux et oseille. — Mœurs hoëdicaises. — Retour sur le continent. — La rivière de la Trinité 51

IV. — Le Morbihan et la presqu'île de Rhuys.

La Nice de la Bretagne. — A travers le pays de Rhuys. — Sarzeau. — Le château de Sucinio. — Saint-Gildas de Rhuys. — Souvenirs d'Abailard. — Tumulus de Tumiac. — Port-Navalo. La complainte d'Arzou. 73

V. — L'Île aux Moines.

Pages.

La Trinité-sur-Mer. — Ile de Méaban. — Entrée de Port-Navalo. — Arzon. — Ile de Berder. — Ile de la Jument. — L'Ile Douton. — Ile Creizic. — Ile Goveau. — Ile Braunec. — Ile Săbiden. — A travers l'Ile aux Moines ; les paysages et la population. — Ile Spiro. — Ile d'Irus. — De l'Ile aux Moines à Vannes. . . . 89

VI. — Les petites îles du Morbihan.

Vannes. — Ile du Conleau. — Ile Boëdic. — Ile Boëde. — Les îles Drennec. — L'Ile Tascon. — L'Ile Baīlran. — Les îles Logoden. — Ile Holavre. — La Truie. — Le bétail de l'Ile Irus. — Ile Creizic. — Ile Berder. — Ile de la Jument. — Les courants de Gavr'inis. — Ile de Gavr'inis et son tumulus. — Le coureau. — Ile Radenec. — Ile Grégan. — Ile Longue. — Ile Ronaud. — Les îles Vrisi. — Les sept îles. — L'Ile d'Orlani. — Locmariaquer et ses mégalithes. 115

VII. — Iles d'Arz et d'Ilur.

Les pêcheuses de Séné. — Sur les courants du Morbihan. — Les forbans et les sinagos. — Ile Holavre. — Dans l'île d'Arz. — Le bourg. — Industrie féminine. — Mœurs agricoles. — Les satellites de l'île d'Arz : île Spiro, île d'Ilur, Ile Huric, Ile Godec, Ile de Lerne. — Les hameaux d'Arz. — Manoir de Kernoël. — Les gardiens de la pêche et les gens de Séné. — Ile Baïlran. — Ile des Œufs. — Ile Tascon. — Ile Plate. — Ile Kistinec. — Retour à Vannes. — Ile de Boëde. — La pointe du Moine 135

VIII. — L'Île de Groix.

L'estuaire du Blavet. — Port-Louis. — Dans le Coureau. — Bénédiction de la mer. — Port-Tudy. — Le bourg de Groix. — La pêche dans l'île. — Le grand chalut. — Le germon et les sardines. — L'agriculture à Groix. — Les hommes à la mer, les femmes aux champs. — Le Paysan. — La Primitura. — Les grottes et les gouffres. — Trou d'Enfer. — Trou du Tonnerre. Le Pivial. — Le port Saint-Nicolas. 155

IX. — L'Ile Chevalier et l'Ile Tudy.

De Concarneau à Pont-l'Abbé. — L'Ile Chevalier. — Un essai de grande culture et d'élevage. — Les fromages de Pont-l'Abbé. — L'île Garro. — L'île Tudy. — En route pour les Glénans .. 179

X. — Archipel des Glénans.

L'Ile aux Moutons. — Castel-Bras. — L'Ile Drennec. — La Chambre. — L'île Saint-Nicolas. — L'Ile Bananec. — Ile Cigogne. — Ile Guignenec. — Ile du Loch. — Ile Guiautec. — Ile Penfret. — En route pour Concarneau. 198

XI. — La Ville-Close de Concarneau.

En mer. — La pêche à la sardine. — Concarneau. — La salaison et la confiserie. — L'île de la Ville-Close 215

XII. — L'Ile de Sein.

De Quimper à Douarnenez. — Douarnenez et l'Ile Tristan. — Pont-Croix et Audierne. — La pointe du Raz. — Traversée du Raz. — Le bourg de Sein. — Dans l'Ile. — Du haut du phare. — Le phare de l'Armen. — Les raz de marée. — Une population de sauveteurs. 226

XIII. — Ile de Molène

et Ilots de l'Archipel d'Ouessant.

Le Conquet. — Presqu'île de Kermorvan. — Ile de Béniguet. — La Chaussée des Pierres-Noires. — Iles de Morgol, Lytiry, Quémènès et Lédénès de Quémènès. — L'île Molène et sa Lédénès. — Iles Balanec et Bannec. — Approches d'Ouessant. 257

XIV. — L'Île d'Ouessant.

Pages.

Le Fromveur. — Baie de Porspaul. — Le Corce. — Lampaul. — Un menu. — A travers l'île. — Les pilleurs d'épaves. — Les moutons d'Ouessant. — L'alcoolisme. — Une habitation ouessantine. — Au Stif. — La pêche aux crustacés. — L'île de Kereller. — La pointe de Créach. — Aventure de mer 273

XV. — Îles de la rade de Brest.

La rade de Brest. — Le Goulet et ses défenses. — Le port de guerre et la Penfeld. — Voyage nocturne sur la baie. — La presqu'île de Roscanvel. — L'île des Morts. — L'île de Trébéron. — L'île Longue. — Paysage de la rade. — Autres îles : le Binde, Tibidy, Térénez. — L'île Ronde et la pointe de l'Armorique 297

Nancy, impr. Berger-Levrault et Cⁱᵉ.

CHEMINS DE FER D'ORLÉANS

BAINS DE MER DE L'OCÉAN

SAISON DE 1895

BILLETS D'ALLER ET RETOUR A PRIX RÉDUITS
Valables pendant 33 jours

Pendant la saison des bains de mer, du 1ᵉʳ Mai au 31 Octobre, il est délivré des Billets Aller et Retour de toutes classes, par toutes les gares du réseau, pour les stations balnéaires ci-après :

- SAINT-NAZAIRE.
- PORNICHET (Sainte-Marguerite).
- ESCOUBLAC-LA-BAULE.
- LE POULIGUEN.
- BATZ.
- LE CROISIC.
- GUÉRANDE.
- VANNES (Port-Navalo, Saint-Gildas-de-Ruz).
- PLOUHARNEL-CARNAC.
- SAINT-PIERRE-QUIBERON.
- QUIBERON (Belle-Isle-en-Mer).
- LORIENT (Port-Louis, Larmor).
- QUIMPERLÉ (Pouldu).
- CONCARNEAU (Beg-Meil, Fouesnant).
- QUIMPER (Bénodet).
- PONT-L'ABBÉ (Langoa, Loctudy).
- DOUARNENEZ.
- CHATEAULIN (Pentrez, Crozon, Morgat).

1º Les billets pris à toute gare du réseau située dans un rayon d'au moins 250 kilomètres des stations balnéaires ci-dessus comportent une réduction de 40 p. 100 en 1ʳᵉ classe, de 35 p. 100 en 2ᵉ classe, et de 30 p. 100 en 3ᵉ classe sur le double du prix des billets simples.

La durée de validité de ces billets (33 jours) peut être prolongée d'une, deux ou trois périodes successives de 30 jours, moyennant le paiement, pour chaque période, d'un supplément égal à 10 p. 100 du prix du billet. La demande de prolongation devra être faite et le supplément payé avant l'expiration de la durée de validité primitive ou prolongée. Ces formalités pourront être remplies, soit à la gare de départ, soit à la gare destinataire.

Par exception la durée de validité des billets de 1ʳᵉ et 2ᵉ classe, délivrés à Paris pour Saint-Nazaire, peut être prolongée deux fois de 30 jours, moyennant paiement, pour chaque période, d'un supplément de 10 p. 100; en outre, il n'est pas délivré de demi-billets pour les enfants ; toutefois, deux enfants de 3 à 7 ans, n'occupant qu'une seule place, peuvent voyager avec un seul billet de Bains de mer de 1ʳᵉ ou de 2ᵉ classe.

Exceptionnellement :

A. — Le voyageur porteur d'un billet délivré pour les stations de la ligne du Croisic (Saint-Nazaire, Pornichet, Escoublac-la-Baule, Le Pouliguen, Batz, Le Croisic et Guérande), aura la faculté d'effectuer, sans supplément de prix, soit à l'aller, soit au retour, le trajet entre Nantes et Saint-Nazaire dans les bateaux de la Compagnie de la Basse-Loire.

B. — Le voyageur porteur d'un billet délivré pour une station située au delà de Vannes vers Auray aura la faculté de s'arrêter à celles des stations suivantes qui seront comprises dans le parcours de son billet : Sainte-Anne-d'Auray, Auray, Hennebont, Lorient, Quimperlé, Rosporden et Quimper.

C. — Le voyageur porteur d'un billet délivré aux conditions qui précèdent, pour l'une quelconque des stations balnéaires ci-dessus, aura la faculté de s'arrêter une seule fois, à l'aller ou au retour, pendant 48 heures, soit à Nantes, soit à tout autre point situé en deçà de Nantes.

La faculté d'arrêt à Nantes, prévue ci-dessus, est indépendante de la faculté d'arrêt au même point qui découle du choix de la voie d'eau entre Nantes et Saint-Nazaire. Elle ne pourra être exercée que le voyageur ayant ou devant utiliser la voie d'eau.

2º Les billets pris à toute gare située dans un rayon inférieur à 250 kilomètres des dites stations balnéaires comporteront une réduction de 20 p. 100 sur les prix des Tarifs généraux, sans toutefois que les prix à percevoir puissent excéder le prix applicable à un parcours de 250 kilomètres, ni être inférieur au prix applicable à un parcours de 125 kilomètres.

ADMISSION DES VOYAGEURS DE 2ᵉ ET 3ᵉ CLASSE
DANS LES TRAINS EXPRESS 19, 9 ET 29

Au départ de Paris, les trois trains express nᵒˢ 19, 9 et 29 prennent les voyageurs de toutes classes, munis de Billets de bains de mer pour les stations ci-dessus.

Les trains express nᵒˢ 19 et 9 partent de Paris dans la matinée et le train nᵒ 29 part le soir.

En province, les Billets doivent être demandés au chef de Gare trois jours avant celui du départ.

Pour plus amples renseignements, consulter le Livret-Guide de la Compagnie d'Orléans, dont l'envoi gratuit est fait sur demande adressée à l'Administration centrale, 9, place Valhubert, à Paris.

VOYAGE D'EXCURSION
AUX
PLAGES DE LA BRETAGNE
Avec arrêt facultatif à toutes les gares du parcours.

Du 1er mai au 31 octobre, il est délivré des billets de voyage d'excursion aux plages de la Bretagne, à prix réduits et comportant le parcours ci-après :

Le Croisic. — Guérande. — Saint-Nazaire. — Savenay. — Questembert. — Ploërmel. — Vannes. — Auray. — Pontivy. — Quiberon. — Lorient. — Quimperlé. — Rosporden. — Concarneau. — Quimper. — Douarnenez. — Pont-l'Abbé. — Châteaulin.

PRIX DES BILLETS : 1re Classe. . . . **45 fr.** — 2e Classe. . . . **36 fr.**
Aller et Retour compris.

DURÉE DE VALIDITÉ : 30 jours

La durée de validité de ces Billets peut être prolongée d'une, deux ou trois périodes successives de 10 jours, moyennant le paiement, pour chaque période, d'un supplément égal à 10 p. 100 du prix du Billet.

BILLETS COMPLÉMENTAIRES DU VOYAGE D'EXCURSION
SUR LES PLAGES DE LA BRETAGNE

Réduction de 40 p. 100 sous condition d'un parcours minimum de 150 kilomètres. — Billets délivrés de toute station du réseau d'Orléans et séparément. Le premier pour aller rejoindre le voyage d'excursion. Le second, s'il y a lieu, pour quitter le voyage d'excursion et permettant de se rendre à un point quelconque du réseau d'Orléans.

Il est délivré, de toute station du réseau d'Orléans pour Savenay ou tout autre point situé sur l'itinéraire du Voyage d'Excursion aux plages de Bretagne, et inversement de Savenay ou de tout autre point situé sur ledit itinéraire à toute station dudit réseau, des Billets spéciaux de 1re et 2e classe, comportant une réduction de 40 p. 100 sur le prix ordinaire des places, sous condition d'un parcours minimum de 150 kilomètres par Billet.

Ces billets sont délivrés distinctement, le premier pour aller rejoindre l'itinéraire du Voyage d'Excursion aux plages de Bretagne, le second pour quitter cet itinéraire lorsque le voyageur l'a terminé ou veut l'abandonner. Le premier de ces Billets doit être demandé en même temps que le Billet d'excursion, et au moins trois jours à l'avance ; le second est délivré lorsque le voyageur le demande, sur la présentation du Billet d'excursion, par la gare où le voyageur quitte l'itinéraire de ce billet. Le billet est alors retiré des mains du voyageur et celui-ci perd tout droit sur les parcours non effectués, le cas échéant.

Les Billets de parcours complémentaires peuvent être établis, tant à l'aller qu'au retour, par les lignes du réseau d'Orléans indiquées par le voyageur. Ils comportent, comme les Billets du voyage d'excursion auxquels ils viennent se souder, la faculté d'arrêt à tous les points du parcours. Cette faculté est exercée dans les mêmes conditions que pour les arrêts du voyage d'excursion.

Le délai de validité du premier Billet (Billet délivré pour aller rejoindre l'itinéraire du Voyage d'Excursion) expire en même temps que celui du Billet de ce voyage d'excursion.

Le délai de validité du second Billet délivré au voyageur qui abandonne l'itinéraire du Voyage d'Excursion, expire trois jours après la date d'expiration du délai de validité du Billet d'excursion.

A Paris : Les Billets sont délivrés immédiatement aux guichets de la gare d'Orléans (quai d'Austerlitz) et dans les bureaux succursales de la Compagnie.

Au départ des autres gares, ils doivent être demandés trois jours avant celui du départ.

PRIX DES BILLETS
comportant les réductions indiquées ci-contre au départ de

PARIS aux gares ci-dessous.	1re cl.	2e cl.	3e cl.	PARIS aux gares ci-dessous.	1re cl.	2e cl.	3e cl.
Saint-Nazaire. . .	59.70	40.30	30.05	St-Pierre-Quiberon	67.50	50.10	35.30
Pornichet.	61.25	44.80	31.45	Quiberon.	69.05	50.50	35.50
Escoublac-la-Baule	61.80	45.25	31.70	Lorient.	70.15	51.30	36 »
Le Pouliguen . . .	62.20	45.50	31.90	Quimperlé. . . .	74.85	53.30	37.40
Batz.	63.75	45.90	32.30	Concarneau . . .	78.95	57.30	40.20
Le Croisic.	63.90	46.20	32.40	Quimper.	78.9)	57.70	40.55
Guérande.	62.65	45.85	32.15	Pont-l'Abbé . . .	81.70	59.73	41.95
Vannes	62.90	46 »	32.25	Douarnenez. . . .	81.05	59.35	41.05
Ploharnel-Carnac.	67.90	49.15	34.50	Châteaulin. . . .	82.00	60.05	42.35

CHEMINS DE FER DE L'OUEST ET D'ORLÉANS

VOYAGE CIRCULAIRE EN BRETAGNE

Billets d'excursions délivrés toute l'année
1re classe, 65 fr. — 2e classe, 50 fr.

Les Compagnies de l'Ouest et d'Orléans délivrent, toute l'année, aux prix très réduits de 65 fr. en 1re classe et 50 fr. en 2e classe, des billets circulaires valables 30 jours, comprenant le tour de la presqu'île bretonne, savoir : Rennes, Saint-Malo (île Cézembre), Dinard, Saint-Brieuc, Lannion (Sept-Iles, Ile-Grande), Morlaix, Roscoff (île de Batz), Brest (île d'Ouessant), Quimper, Douarnenez (île de Sein), Pont-l'Abbé, Concarneau (les Glénans), Lorient (île de Groix), Auray, Quiberon (Belle-Isle, île d'Houat, île d'Hoëdic), Vannes (îles du Morbihan), Savenay, Le Croisic (île Dumet), Guérande, Saint-Nazaire (La Grande-Brière, île de Noirmoutier), Pont-Château, Redon et Rennes.

Ces billets peuvent être prolongés trois fois d'une période de 10 jours moyennant le paiement, pour chaque prolongation, d'un supplément de 10 p. 100 du prix primitif.

Le voyageur partant d'un point quelconque des réseaux de l'Ouest et d'Orléans pour aller rejoindre cet itinéraire, peut obtenir, sur demande faite à la gare de départ, 4 jours au moins à l'avance, en même temps que son billet d'excursion, un billet de parcours complémentaire comportant une réduction de 40 p. 100, sous condition d'un parcours minimum de 150 kilomètres ou payant comme pour 150 kilomètres.

La même réduction lui est accordée après l'accomplissement du voyage circulaire, soit pour revenir à son point de départ initial, soit pour se rendre sur tel autre point des deux réseaux qu'il a choisi.

Voici d'ailleurs le prix des places pour les stations balnéaires où l'on peut demander des billets circulaires du voyage en Bretagne :

Billets d'aller et retour individuels

VALABLES PENDANT 33 JOURS
(jour de la délivrance non compris)

	1re classe	2e classe
	fr. c.	fr. c.
Saint-Malo-Saint-Servan. — Rothéneuf. . . .		
La Gouesnière-Cancale.		
Dinard. — Saint-Énogat, Saint-Lunaire, Saint-Briac, Lancieux	56 »	37 80
Plancoët. — La Garde-Saint-Cast, Saint-Jacut-de-la-Mer.		
Lamballe. — Pléneuf, Le Val-André, Erquy. . .	57 50	38 85
Saint-Brieuc. — Portrieux, Saint-Quay. . . .	60 20	40 65
Lannion. — Perros-Guirec.	70 »	47 25
Morlaix. — Saint-Jean-du-Doigt, Plougasnou-Primel	72 15	48 70
Saint-Pol-de-Léon	75 »	50 60
Roscoff.	75 95	54 25
Landerneau. — Brignogan.	77 55	52 35
Brest.	80 10	54 05
Paimpol.	69 20	46 70
Saint-Nazaire	59 70	40 30

CHEMINS DE FER DE L'ÉTAT
BAINS DE MER DE L'OCÉAN

1° BILLETS de BAINS de MER au départ de Paris
Billets d'Aller et Retour valables 33 jours
NON COMPRIS LE JOUR DU DÉPART
Avec prolongation facultative moyennant le paiement d'une surtaxe
(Délivrés du 1er mai au 31 octobre de chaque année)

De PARIS-MONTPARNASSE ou de PARIS-AUSTERLITZ aux gares ci-après et retour.	PRIX ALLER ET RETOUR					
	SECTION I. Sans faculté d'arrêt aux gares intermédiaires.			SECTION II. Faculté d'arrêt entre CHARTRES ou TOURS et la station balnéaire		
	1re cl.	2e cl.	3e cl.	1re cl.	2e cl.	3e cl.
Royan	71 30	52 40	38 15	80 65	61 20	43 50
La Tremblade	74 25	54 20	39 »	83 80	63 30	44 55
Le Chapus	67 20	49 10	35 »	77 05	58 20	40 »
Le Château (Ile d'Oléron)	68 70	50 60	36 20	78 55	59 70	41 20
Marennes	66 25	48 35	34 50	76 10	57 50	39 45
Fouras	63 90	46 50	33 25	73 75	55 75	37 90
Châtelaillon	62 35	46 15	32 50	71 95	55 25	37 00
La Rochelle	61 10	45 10	31 85	70 50	54 20	36 85
Les Sables-d'Olonne	62 00	46 85	33 60	72 15	56 95	37 20
Saint-Gilles-Croix-de-Vie	64 85	46 55	32 70	74 30	57 30	37 35
De PARIS-MONTPARNASSE ou SAINT-LAZARE aux gares ci-après et retour.						
Challans	63 35	44 65	31 35	»	»	»
Bourgneuf	58 30	42 90	30 10	»	»	»
Les Moutiers	58 50	43 30	30 40	»	»	»
La Bernerie	58 50	43 55	30 00	»	»	»
Pornic	58 80	44 30	31 15	»	»	»
Saint-Père-en-Retz	58 50	43 30	30 65	»	»	»
Paimbœuf	59 05	43 50	30 80	»	»	»

CONDITIONS

SECTION I. — Les billets de Bains de Mer délivrés aux prix de la Section I ne sont valables que pour les destinations qu'ils indiquent, et ne donnent pas le droit de s'arrêter dans une gare intermédiaire. Exceptionnellement, les voyageurs porteurs de billets de Bains de Mer de Paris à Challans, Bourgneuf, Les Moutiers, La Bernerie, Pornic, Saint-Père-en-Retz et Paimbœuf ont la faculté de s'arrêter pendant 48 heures à Nantes, soit à l'aller, soit au retour.

SECTION II. — Les billets de Bains de Mer délivrés aux prix de la Section II donnent, tant à l'aller qu'au retour, le droit de s'arrêter à toutes les gares intermédiaires entre Chartres (*vid* Saumur ou *vid* Chinon) ou Tours d'une part, et la station balnéaire de destination d'autre part.

(*Voir les renvois au bas de la page suivante.*)

2° BILLETS DE BAINS DE MER
AU DÉPART DES GARES AUTRES QUE PARIS
Billets d'Aller et Retour valables 33 jours
NON COMPRIS LE JOUR DE LA DÉLIVRANCE
Avec prolongation facultative moyennant le paiement d'une surtaxe
(Délivrés du 1er mai au 31 octobre de chaque année)

Ces billets, qui comportent les mêmes réductions de prix que les billets d'aller et retour ordinaires, sont délivrés, du 1er mai au 31 octobre de chaque année, par toutes les gares, stations et haltes du réseau de l'État (*Paris excepté*) pour *Royan, La Tremblade*[1], *Le Chapus, Le Château* (ILE D'OLÉRON), *Marennes, Fouras, Châtelaillon, La Rochelle, Les Sables-d'Olonne, Saint-Gilles-Croix-de-Vie, Challans*[2], *Bourgneuf*[3], *Les Moutiers, La Bernerie, Pornic*[4], *Saint-Père-en-Retz*[5] *et Paimbœuf*[5].

ENFANTS. — Au-dessous de 3 ans, les enfants ne paient rien, à la condition d'être portés sur les genoux des personnes qui les accompagnent. De 3 à 7 ans, ils paient moitié des prix des billets de Bains de Mer et ont droit à une place distincte; toutefois, dans un même compartiment, deux enfants ne pourront occuper que la place d'un voyageur. Au-dessus de 7 ans, les enfants paient place entière.

Les billets de Bains de Mer donnent, tant à l'aller qu'au retour, le droit de s'arrêter à toutes les gares intermédiaires.

Prolongation de la durée de validité. — La durée de validité de tous les billets de Bains de Mer prévus aux 1° et 2° ci-dessus, peut être prolongée de 20, 40 ou 60 jours, moyennant le paiement d'un supplément de 10, 20 ou 30 p. 100 du prix du billet. Toute demande de prolongation doit être faite et le supplément payé avant l'expiration de la période pour laquelle la prolongation est demandée.

Billets d'ALLER et RETOUR de TOUTE GARE à TOUTE GARE

Il est délivré tous les jours, par toutes les gares, stations et haltes du réseau de l'État, et pour tous les parcours sur ce réseau, des billets d'aller et retour à prix réduits.

Les coupons de retour sont valables : 1° pour les trajets jusqu'à 100 kilomètres, le jour de l'émission, le lendemain et le surlendemain jusqu'à minuit ; 2° pour les trajets de plus de 100 kilomètres, un jour de plus par 100 kilomètres ou fraction de 100 kilomètres.

---

1. La station de La Tremblade dessert la plage de Ronce-les-Bains. — 2. La station de Challans dessert les plages de l'Ile de Noirmoutier, de l'Ile d'Yeu et de Saint-Jean-de-Monts. — 3. La station de Bourgneuf dessert les plages de l'Ile de Noirmoutier. — 4. Du 1er juillet au 30 septembre, service régulier de bateaux à vapeur entre Pornic et Noirmoutier. — 5. Les stations de Paimbœuf et de Saint-Père-en-Retz desservent la plage de Saint-Brévin-l'Océan. Les voyageurs porteurs de billets de Bains de Mer de Paris à Paimbœuf ont la faculté d'effectuer, sans supplément de prix, soit à l'aller, soit au retour, le trajet entre Nantes et Paimbœuf dans les bateaux de la Compagnie de Navigation de la Basse-Loire.

BERGER-LEVRAULT ET Cie, LIBRAIRES-ÉDITEURS

Paris, 5, rue des Beaux-Arts. — Nancy, 18, rue des Glacis.

En cours de publication

LEXIQUE GÉOGRAPHIQUE
DU MONDE ENTIER

PUBLIÉ SOUS LA DIRECTION DE

M. E. LEVASSEUR (de l'Institut)

PROFESSEUR AU COLLÈGE DE FRANCE

PAR	AVEC LA COLLABORATION DE
J.-V. BARBIER	M. ANTHOINE
SECRÉTAIRE GÉNÉRAL	INGÉNIEUR D
DE LA SOCIÉTÉ DE GÉOGRAPHIE DE L'EST	CHEF DU SERVICE DE LA CARTE DE FRANCE
	AU MINISTÈRE DE L'INTÉRIEUR

CONDITIONS ET MODE DE PUBLICATION

Le Lexique géographique paraît par fascicules de 4 feuilles gr. in-8° (64 pages), d'impression compacte à 3 colonnes, avec cartes et plans dans le texte.

Il comprendra environ 50 fascicules, formant 3 volumes de 1,000 à 1,200 pages chacun.

Il paraîtra environ 10 fascicules par an. Le 1er fascicule est en vente (juillet 1895).

Prix du fascicule : **1 fr. 50 c.**

Prix de souscription à l'ouvrage complet : **70 fr.**

La souscription donne droit à la réception gratuite de tous les fascicules pouvant dépasser le nombre prévu. — Envoi du *prospectus-spécimen* sur demande.

En cours de publication

DICTIONNAIRE MILITAIRE

ENCYCLOPÉDIE DES SCIENCES MILITAIRES

RÉDIGÉE

PAR UN COMITÉ D'OFFICIERS DE TOUTES ARMES

CONDITIONS ET MODE DE PUBLICATION

Le Dictionnaire militaire formera deux gros volumes grand in-8° jésus à deux colonnes, d'environ 80 feuilles (1,280 pages) chacun.

Il paraîtra par livraisons de 8 feuilles (128 pages).

L'ouvrage complet comprendra environ 20 livraisons. Toutes les dispositions sont prises pour que les livraisons soient publiées dans des délais très rapprochés. Les trois premières livraisons sont en vente (juillet 1895).

Prix de la livraison : **3 fr.**

Une feuille spécimen de 16 pages, brochée sous couverture, sera envoyée gratuitement à toute personne qui en fera la demande.

BERGER-LEVRAULT ET Cie, LIBRAIRES-ÉDITEURS
Paris, 5, rue des Beaux-Arts. — Nancy, 18, rue des Glacis.

Ouvrage couronné par l'Académie française

ARDOUIN-DUMAZET

VOYAGE EN FRANCE

Série d'élégants volumes in-12, avec cartes.
Chaque volume, broché sous couverture illustrée : 3 fr. 50 c.

1re SÉRIE
MORVAN — NIVERNAIS — SOLOGNE — BEAUCE
GATINAIS — ORLÉANAIS — MAINE — PERCHE — TOURAINE

2e SÉRIE
ANJOU — BAS-MAINE — NANTES — BASSE-LOIRE
ALPES MANCELLES — SUISSE NORMANDE

3e SÉRIE
LES ILES DE L'ATLANTIQUE : I. D'ARCACHON A BELLE-ISLE.
L'ILE AUX OISEAUX — LA SEUDRE ET LES ILES DE MARENNES — L'ILE D'OLÉRON — ILE D'AIX — ILE MADAME ET BROUAGE — ILE DE RÉ — ILE D'YEU — ILE DE NOIRMOUTIER — DE L'ILE DE BOUIN A SAINT-NAZAIRE — ARCHIPEL DE LA GRANDE-BRIÈRE — ILE DU MET ET LA PRESQU'ILE DU CROISIC — BELLE-ISLE-EN-MER.
Avec 19 cartes ou croquis.

Le *Voyage en France* de M. Ardouin-Dumazet formera une suite de volumes répartis par régions géographiques. Les chapitres sont consacrés chacun à une province ou canton dans l'acception historique de ces termes, c'est-à-dire à un *pays* que ses particularités de mœurs, de coutumes et de production distinguent des pays environnants. L'ensemble constituera une géographie ethnographique, économique et industrielle, un inventaire pittoresque et scientifique à la fois des richesses, des beautés et des curiosités de la France ; c'est une remarquable œuvre d'observation personnelle qui dépassera en intérêt et en originalité tout ce qui a été publié jusqu'ici en ce genre.

Envoi du prospectus détaillé de la collection sur demande.

Nancy, imp. Berger-Levrault et Cie

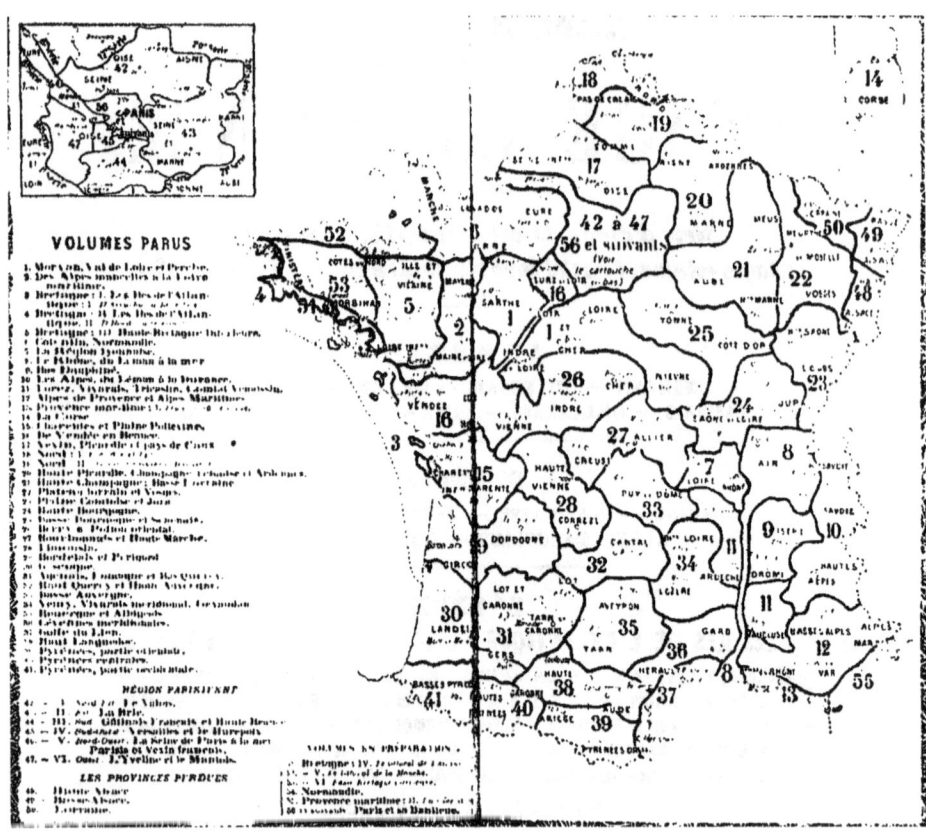

www.ingramcontent.com/pod-product-compliance
Lightning Source LLC
Chambersburg PA
CBHW070616160426
43194CB00009B/1288